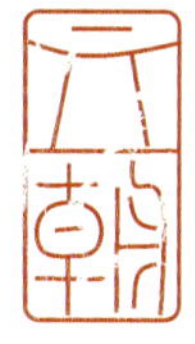

南京大学六朝研究所书系 · 丁种资料 · 第贰号
南 京 大 学 六 朝 研 究 所　主 编

南京大学北园东晋墓

南 京 大 学 博 物 馆
南京大学六朝研究所　编著

南 京 大 学 出 版 社

图书在版编目（CIP）数据

南京大学北园东晋墓 / 南京大学博物馆，南京大学六朝研究所编著 . -- 南京 : 南京大学出版社，2023.10
（南京大学六朝研究所书系 . 丁种资料 . 第贰号）
ISBN 978-7-305-27329-2

Ⅰ . ①南… Ⅱ . ①南… ②南… Ⅲ . ①墓葬（考古）- 考古发掘 - 南京 - 东晋时代 Ⅳ . ① K878.8

中国国家版本馆 CIP 数据核字（2023）第 199476 号

出版发行　南京大学出版社
社　　址　南京市汉口路22号　　　　邮　编　210093

NANJING DAXUE BEIYUAN DONGJINMU
书　　名　南京大学北园东晋墓
编　　著　南京大学博物馆　南京大学六朝研究所
责任编辑　王　静　　　　编辑电话　025-83592193

照　　排　南京新华丰制版有限公司
印　　刷　苏州工业园区美柯乐制版印务有限责任公司
开　　本　889mm × 1194mm　1/16　印张14.25　字数200千
版　　次　2023年10月第1版　2023年10月第1次印刷
ISBN　978-7-305-27329-2

定　　价　198.00元
网　　址：http://www.njupco.com
官方微博：http://weibo.com/njupco
官方微信号：njupress
销售咨询热线：（025）83594756

《南京大学北园东晋墓》编委会

总　序

一

晃晃悠悠的节奏、断断续续的过程，也许“万事开头难”吧，从2017年3月14日“南京大学六朝研究所成立仪式暨学术座谈会”召开、计划出版系列图书至今，竟然已经三年又八个月过去了，具有“标志”意义的南京大学出版社版“南京大学六朝研究所书系”首批四册，终于即将推出，它们是：

刘淑芬著《六朝的城市与社会》（增订本），“甲种专著”第叁号；

张学锋编《“都城圈”与“都城圈社会”研究文集——以六朝建康为中心》，“乙种论集”第壹号；

［美］戚安道（Andrew Chittick）著，毕云译《中古中国的荫护与社群：公元400—600年的襄阳城》，“丙种译丛”第壹号；

［德］安然（Annette Kieser）著，周胤等译《从文物考古透视六朝社会》，“丙种译丛”第贰号。

既然是“首批四册”，如何“甲种专著”却编为“第叁号”呢？这缘于此前“书系”已经出版了以下数种：

胡阿祥著《东晋南朝侨州郡县与侨流人口研究》（修订本），江苏人民出版社2019年10月版，“甲种专著”第壹号；

吴桂兵著《中古丧葬礼俗中佛教因素演进的考古学研究》，科学出版社2019年12月版，“甲种专著”第贰号；

［唐］许嵩撰，张学锋、陆帅整理《建康实录》，南京出版社2019年10月版，“丁种资料”第壹号；

胡阿祥著《“胡”说六朝》，江苏人民出版社2019年6月版，“戊种公共史学”第壹号；

胡阿祥、王景福著《谢朓传》，凤凰出版社2019年12月版，“戊种公共史学”第贰号。

据上所陈，“南京大学六朝研究所书系”的总体设计，应该就可以了然。

首先，“书系”包含五个系列，即甲种专著、乙种论集、丙种译丛、丁种资料、戊种公共史学，这显示了我们对六朝历史之基础研究与应用研究的全面关注、对话学界之“学院”史学与面向社会之“公共史学”的兼容并包。

其次，“书系”出版采取“1+N”模式，“1”为南京大学出版社，“N”为其他出版社，“1”为主，“N”为辅，但仍按出版时序进行统一编号。所以如此处理，自然不在追求“差异美”，而是随顺作者、译者、编者的意愿和其他各别复杂情形。

再次，“书系”虽以“南京大学六朝研究所书系”冠名，但只是冠名而已，我们会热忱邀约和真诚接受所内外、校内外、国内外的书稿，并尽遴选、评审、建议乃至修改之责。

要之，五个系列的齐头并进、出版单位的灵活安排、书稿来源的不拘内外，这样有异寻常的总体设计，又都服务于我们的相关中期乃至远期目标：通过若干年的努力，使学界同仁共襄盛举的“南京大学六朝研究所书系”渐具规模、形成特色、产生影响，而“南京大学六朝研究所”也因之成为学界同仁信任、首肯乃至赞誉的研究机构。如此，庶不辜负我们回望如梦的六朝时代、我们生活的坚韧而光荣的华夏正统古都南京、我们工作的诚朴雄伟励学敦行的南京大学、我们钟情的昌明国粹融化新知的南京大学历史学院。

二

南京大学历史学院有着厚实的六朝研究传统。蒋赞初、孟昭庚等老一辈学者宏基初奠，如蒋赞初教授开创的六朝考古领域，在学界独树一帜，若孟昭庚教授从事的六朝文献整理，在学界备受赞誉；近20多年来，张学锋、贺云翱、吴桂兵、杨晓春等中年学者开拓创新，又形成了六朝人文地理、东亚关系、都城考古、墓葬考古、佛教考古等特色方向。推而广之，南京大学文学院程章灿之石刻文献研究、赵益之知识信仰研究、童岭之思想文化研究，南京大学地理与海洋科学学院陈刚之建康空间研究，皆已卓然成家；又卞孝萱师创办的 “江苏省六朝史研究会”，已历半个多甲子，一批“后浪”张罗的“六朝历史与考古青年学者交流会”，近期将举办第七回，本人任馆长的六朝博物馆，成为六朝古都南京的璀璨“地标”，南京市考古研究院、南京师范大学、南京晓庄学院等，也都汇聚起不弱的六朝研究力量。凡此种种，既有意或无意中彰显了学者个人之“文章合为时而著，歌诗合为事而作”的“义理”追求，也主动或被动地应了现实社会对历史记忆、文化遗产等的“经济”（经世济用）需求。

对现实社会之“经济”需求而言，就南方论，就江苏论，就南京论，六朝时代既是整体变迁过程中客观存在的一环，又是特别关键、相当荣耀的一环。以秦岭—淮河为大致分界的中国南方，经过六朝时代，经济开发出来了，文化发展起来了；跨江越淮带海的江苏，唤醒历史记忆，弘扬文化遗产，同样无法绕过六朝时代；而南京之所以能够成为中国第四大古都、中国南方第一的古都，也主要是因为六朝在此建都。

六朝的意义当然绝不仅此。举其“义理”之荦荦大者，以言孙吴，经过孙吴一朝的民族融合、交通开辟、政区设置，南中国进入了中国历史的主舞台，并引领了此后北方有乱、避难南方的历史趋势，比如东晋、南朝、南宋皆如此；以言东晋南朝，当中国北方陷入十六国大乱，正是晋朝在南方的重建及其后宋、齐、梁、陈较为平稳的递嬗，才使传统华夏文明在南方得以保存与延续、发展并丰富，这样薪火相传、“凤凰涅槃”的南方华夏文明，又给北方的十六国北朝之“汉化”或“本土化”的演进，提供了鲜活的“样本”、完整的“模范”，其结果便是南与北交融、胡与汉融铸而成的辉煌灿烂的隋唐文明，特别是其中的精英文化；再言虽然分隔为孙吴、东晋南朝两段而诸多方面仍一以贯之的六朝，就颇有学者把包括六朝在内的汉晋文化与罗马文化并列为世界古代文明的两大中心，这又无疑显示了六朝文化在世界史上的超凡地位。

然则围绕着这样的“义理”与“经济”，笔者起2004年至2018年，为

《南京晓庄学院学报》“六朝研究”专栏写下了50篇回旋往复甚至有些啰唆的“主持人语”，这些“主持人语”，现已结集在“南京大学六朝研究所书系”最先问世的《“胡”说六朝》中；至于“南京大学六朝研究所书系”过去近四年的“万事开头难”、今后若干年的“不忘初心，而必果本愿”，我们也就自我定位为伟哉斯业，准备着无怨无悔地奉献心力了……

南京大学六朝研究所所长胡阿祥

2020年11月16日

编辑前言

南京大学北园东晋墓位于今南京大学鼓楼校区北园北大楼西北，1972年4月在校园防空洞建设中发现，南京大学历史系考古组在南京博物院考古组的许可下随即对之进行了发掘。发掘清理工作主要由蒋赞初先生负责，学校行政部门的部分工作人员及尚未分配具体工作的历史系新任教师参与。出土资料的整理工作由蒋赞初先生负责，发掘简报《南京大学北园东晋墓》刊于《文物》1973年第4期（以下简称“《简报》”）。文物入藏南京大学历史系文物资料室，今由南京大学博物馆收藏管理。

该墓从发掘清理到《简报》的刊出，仅历时一年，因此《简报》未能按考古发掘简报体例的要求绘制器物线图；虽然随《简报》刊出的器物照片较多，但因受当时摄影、排印技术所限，器物的质地、颜色、纹饰及其他细节未能明晰地显示出来，是为遗憾。

《简报》刊发前后，正值南京大学历史系创立考古专业，开始招收工农兵学员。为配合专业教育，历史系成立了文物资料室，收藏并保管自原中央大学、金陵大学积累起来的各类文物资料。该墓出土的资料转入文物资料室后，工作人员对其进行了进一步的修复和整理。1975年，这项工作基本完成，除残碎严重无法修复且难辨器形的遗物外，其他都给予了编号，冠以“75”，起自75-598，讫于75-661，共计64件（组），该号本书称为“器物登记号”。进入二十一世纪以后，以历史系文物资料室为基础成立了南京大学考古与艺术博物馆，工作人员对馆藏文物进行统一登账，编定总账序号，该墓出土的文物编号起自8041，讫于8104，与器物登记号所示一致，计64件（组），该号本书称为“藏品登录号”。器物登记号、藏品登录号均不含下级编号，故现存文物数量在70件（组）以上。

为便于与《简报》对读，编辑本书时，叙述顺序原则上与《简报》及器物登记号、藏品登录号保持一致，仅部分作了调整。数次整理中，对每件文物的尺寸重新进行了测量，部分数据与《简报》略有差异，使用时请以本书为准。

关于该墓墓主的具体名讳，虽然目前还有不同意见，但墓葬作为东晋前期的帝陵是学界的共识。因此自资料刊布以来，该墓受到了中外魏晋南北朝考古学研究者的普遍关注。然而，由于资料发表较早，许多细节尚难以明了。在南京大学博物馆与南京大学六朝研究所的合作下，在该墓发掘50周年、南京大学考古学科成立50周年之际，我们编辑此书，将墓葬的发掘过程及现存的出土文物以考古报告的形式悉数公布，以期为六朝考古、魏晋南北朝考古以及中国陵寝制度的研究提供可信的资料。

该墓发掘完成至今50年，其间，出土文物历经数次迁移，部分文物，尤其是未经修复的残件混入其他器物组甚至损失的情况在所难免，原始发掘记录亦已散失，因此，本书可能称不上是正式的考古报告。但是，这次整理，我们严格按照撰写考古报告的基本规范，对遗物进行了重新测量，绘制了器物线图，并请发掘主持人蒋赞初先生口述发掘历史，这一切均旨在为学界提供更加可靠的资料与信息。然因编者能力有限，不当之处，敬请指正！

本书附篇收录了相关文稿5篇。一、《简报》，全文收录《简报》文字，但省略其中附图，并将原尾注改为页下注。二、《南京大学北园东晋墓整理札记》，收录编辑本书时整理者的一些心得。为不影响读者的自主判断，这些见解大多未纳入资料报告的相关处和结语中，单独列出，以供参考。三、《蒋赞初先生回忆北园东晋墓的发掘》，部分弥补了原始发掘资料散失的遗憾。四和五收录了迄今所见探讨该墓墓主人身份的两篇专文，以供读者参考。

目录

插图目录

图版目录

南京大学北园东晋墓

一　地理环境及历史沿革

“鼓楼”，作为南京的地名始于明代在此建设鼓楼，位于紫金山（六朝时期称蒋山）向西南方向延伸的余脉上。紫金山余脉自东北往西南，经富贵山（六朝蒋山最西峰）、小九华山（六朝时期称覆舟山）、北极阁（六朝时期称鸡笼山主峰），至鼓楼冈（六朝时期鸡笼山西部）、小仓山、清凉山（六朝时期称石头山），一直延伸到长江岸边，是历史上南京城北的天然屏障及分水岭，以南属秦淮河流域，是近代以前南京的主要市街地；以北为金川河流域，近代以前以湖沼湿地和沿江丘陵为主。这条余

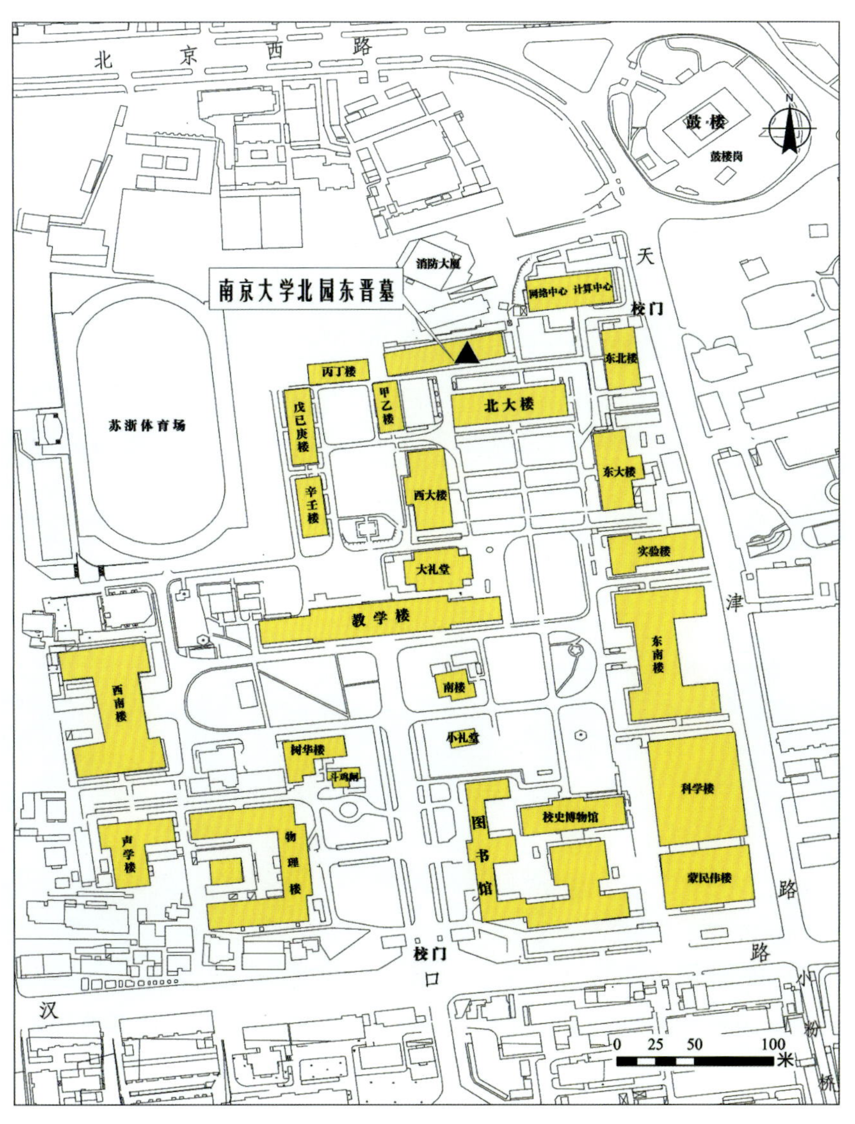

图一　南京大学北园东晋墓位置图（陈刚绘制）

脉中的富贵山海拔80余米，小九华山、北极阁、清凉山的海拔均为60余米，介于北极阁与清凉山之间的鼓楼冈、小仓山等则是相对低矮的土冈。南京大学北园东晋墓即位于这列土冈之上。

今南京大学鼓楼校区所在地鼓楼冈一带，明代建鼓楼前俗称黄泥冈。1972年春季开挖防空洞时，在校园内北大楼前发现了北宋王仁墓。据出土墓志，王仁是王安石任江宁知府时的部下，葬地为“上元县城北二里菜园□之原”，即“北山之侧”，位于十世纪建设并一直沿用至明初的南唐金陵城城濠之北。在后期的基础建设中，今南大鼓楼校区科学楼、图书馆等地点还发现了多座宋墓，可见这一带在明初建钟、鼓楼前一直是城北的葬地之一。

南京鼓楼始建于明初洪武十五年（1382），虽经明清叠修，但至今位置未变。建设鼓楼的同时还建了钟楼。据明朝礼部纂修《洪武京城图志》“楼馆”条，“鼓楼，在今北城兵马司东南，俗名为黄泥冈。钟楼，在鼓楼西”[①]。该书所附《楼馆

图二　叠压在南京大学北园东晋墓之上的明代南京钟楼石柱础（图片为蒋赞初藏）

① （明）礼部纂修：《洪武京城图志》，南京稀见文献丛刊，南京：南京出版社，2006年，第50页。

图》中，钟、鼓楼并列，鼓楼在东，钟楼在西。南大北园东晋墓发掘时，在坍塌的墓室上方压着一块1.4米见方的巨大石柱础，重量5吨左右（图二）。南京明故宫遗址出土的石柱础多为1.4~1.5米见方，可见这件柱础是当时官府建筑所用，与附近鼓楼残存的柱础形制也基本一致，因此推断柱础所在地为明代钟楼旧址，与鼓楼之间相距仅百余米。据明人陈沂《金陵世纪》载，南京明代钟、鼓楼“皆极其壮丽雄伟，为京师之首观”[①]。明亡后，钟、鼓楼逐渐颓毁，清康熙年间虽重修了鼓楼，但钟楼却弃之未顾，仅存卧钟。清末光绪年间，江宁布政使许振祎在鼓楼东北异地重建钟楼，即今大钟亭。对照鼓楼矗立在高敞的黄泥冈上这一选址特征，明初建设钟楼时，选址也应该是一处相对高敞的地方，即南大北园东晋墓所在地。

从保存至今的旧照片中可以看出，清末鼓楼一带属城北荒地，人烟不接。光绪十四年（1888），美国基督教会美以美会（Methodist Episcopal Misson，简称M·E·M）在南京创办汇文书院。1891 年，美国基督教会又在基督医院（今鼓楼医院）西侧购

图三　南京大学鼓楼校区北园北大楼今貌（许志强摄）

① （明）陈沂撰：《金陵世纪》卷二“纪楼宇其九”，南京稀见文献丛刊，南京：南京出版社，2009 年，第 47 页。

地创办基督书院（Nanking Christian College）。1910年，美国基督教会合并几家书院成立金陵大学堂，1915年改名金陵大学校，在鼓楼西南坡创建新校舍，建于1919年、叠压在北园东晋墓墓道上的北大楼成为该校的地标建筑（图三）。1952年全国高等学校院系调整后，金陵大学文学院、理学院与原国立中央大学（后改名为国立南京大学）文、理学院合并，在金陵大学鼓楼校址组建了新的南京大学。新组建的南京大学，以汉口路为界，路北的原金陵大学教学楼栋区域被称为“北园”，路南的原金陵大学教授寓所经扩展围成“南园”。东晋大墓位于北园，是为该墓命名为“南京大学北园东晋墓”的由来。

二　发现及清理经过

20世纪70年代初，中国各地掀起了建设地下防空设施的高潮。在这场全民运动中，南京也建设了多处防空洞。南京地下防空设施的主干线经过南京大学北园北大楼前，这个地点地势较高，原来是一处高敞的土丘。南京大学校园内防空洞的大体走向是，从今北园的东南楼西北侧开始（现存一处出入口），向北过东大楼门口，西折，经北大楼门前到西大楼，然后再往西南延伸，从西南楼东侧出来（现存一处出入口）。最早还规划了一条支线，从北大楼伸向今鼓楼西侧的消防支队，东晋墓即位于这条规划路线上。

1972年春，南京大学的大部分教师在溧阳果园农场从事劳动，只有历史系的少数几位教师集中在西南楼进行谭其骧主持的《中国历史地图集》的编制工作，蒋赞初亦在其中。在北大楼与西大楼之间的防空洞挖掘过程中，发现了一座宋墓，指挥部接到汇报后派蒋赞初前往处理。蒋赞初到达现场时，墓室券顶及墓壁的大部分已被挖掉，只剩下墓底。经清理，随葬器物只有一方墓志和一件釉陶罐以及几枚钱币。据墓志的记载，墓主名王仁，许昌长社人，北宋建康府司理参军，治平四年（1067）六月卒葬，葬地为“上元县城北二里菜园□之原”，即“北山之侧”。时王安石为江宁知府，墓志中留下了“府尹紫微舍人临川王公”的信息（图四）[①]。

王仁墓清理完不久，即在北大楼西北侧发现了另一座墓葬的迹象，南距北大楼北墙十余米，正对北大楼西数第四扇窗户。今南京大学北园与消防大厦南侧住宅之间的东西隔墙，就穿过墓室的顶部（参见图一）。

由于当时历史系的在校人员多忙于历史地图集的编制工作，因此东晋大墓的发掘组成员主要是学校行政部门的工作人员及尚未分配具体工作的新员工，发掘工作由蒋赞初主持。参加清理工作的人员大多数是文职人员，且缺乏田野考古工作的经验，因此发掘过程比较艰辛。其间，南京博物院考古组时任组长汪遵国曾到现场指导了发掘工作（参见图二），决定该墓的发掘整理工作由南京大学全权负责，并希望尽快向南京博物院提交清理报告。

① 《宋故江宁府左司理参军王君墓志铭》，南京大学博物馆藏，图片及拓片见洪银兴、蒋赞初主编《南京大学文物珍品图录》，北京：科学出版社，2002 年，第 67 页。

发掘工作持续月余，每天出土的文物交送临时仓库保管，由蒋赞初适时对文物进行初步修复、绘制器物草图、追加小件编号，并在很短的时间内完成了清理报告的撰写。一年后，发掘简报《南京大学北园东晋墓》刊于《文物》1973年第4期。1972年南京大学创办考古专业并开始招收工农兵学员，出土文物入藏历史系文物资料室，今由南京大学博物馆收藏、管理。由于当时收藏条件有限，大量的墓砖未能收集，就地废弃，叠压在墓室之上的明代南京钟楼石柱础亦不知去向。

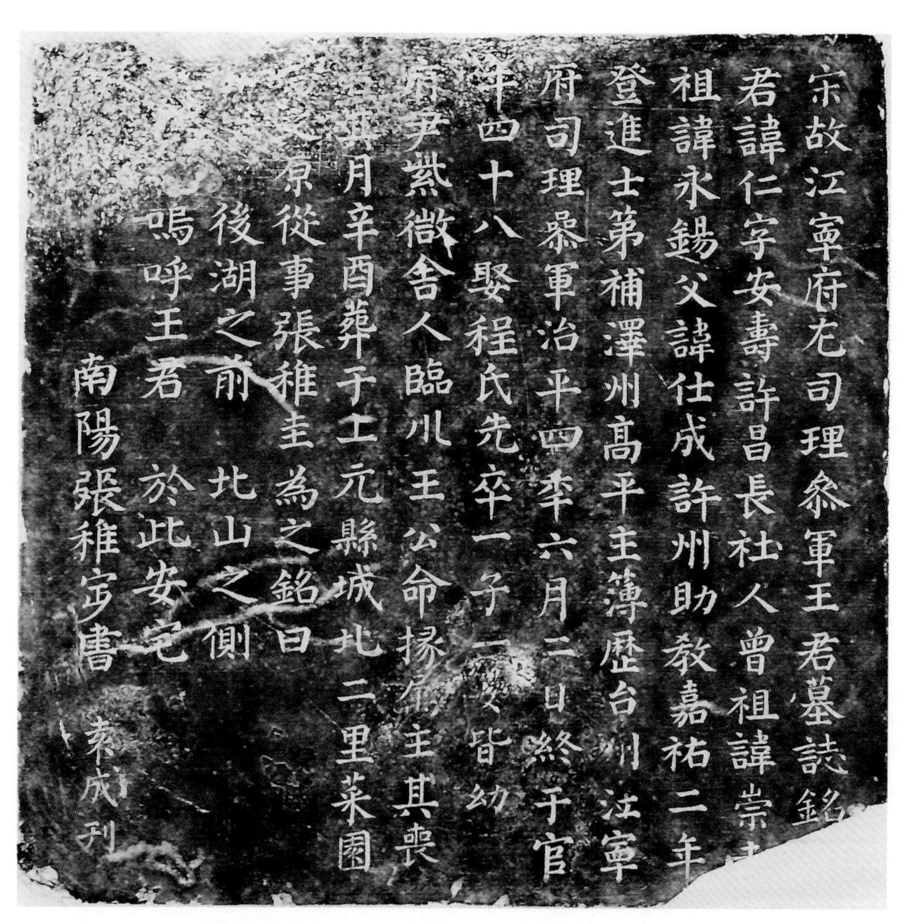

宋故江寧府左司理參軍王君墓誌銘
君諱仁字安壽許昌長社人曾祖諱崇□
祖諱永錫父諱仕成許州助教嘉祐二年
登進士第補澤州高平主簿歷台州江寧
府司理參軍治平四年六月二日終于官
年四十八娶程氏先卒一子□□皆幼
府尹紫微舍人臨川王公命掾屬主其喪
□其月辛酉葬于上元縣城北二里菜園
□之原從事張稚圭為之銘曰
後湖之前　北山之側
嗚呼王君　於此安宅
南陽張稚字書
李成刊

图四　南京大学鼓楼校区北园出土北宋王仁墓志拓片（南京大学博物馆藏）

三　墓葬的形制结构

墓葬坐北朝南，方向为北偏东9度，是一座双室砖墓，南北总长8.04米，东西总长9.9米，由墓道[①]、墓门、甬道、主室、侧室甬道、侧室等部分构成（图五）。其中，墓门宽1.5米；甬道长3.04米，宽1.5米；主室南北长4.4米，东西宽4米；侧室甬道长1.2米，宽1.1米；侧室长3.5米，宽1.46米；墓墙的厚度为45厘米至75厘米不等[②]。据《简报》，主墓室东、西、北及南墙的甬道西侧墓墙最厚，侧室的南、北墙及甬道东墙的厚度较窄[③]。

清理时，墓葬甬道和侧室的券顶已坍塌，但可以看出起券的痕迹；主室四壁的残存高度为1米上下，发掘时，据现存遗迹推测，主室采用的可能是穹窿顶。

（一）墓门与封门砖　墓门西侧有与甬道西壁垂直的挡土墙，东侧无挡土墙。甬道南端砌有两层封门砖，长方形砖纵立竖砌，外侧砖墙略凸出于墓门。

（二）甬道　墓门的封门砖墙内为甬道，长3.04米，宽1.5米，两壁采用三顺一丁的砌法，券顶。甬道内原设两道木门，发掘时木门已朽尽，仅存两壁及地面上的门槽。

（三）侧室　位于墓室东侧南端，有甬道与主室相接。甬道长1.2米，宽1.1米。侧室长3.5米，宽1.46米。墓壁采用三顺一丁的砌法，券顶。侧室东南角因后世墓葬的打破而坍塌。从侧室残存的铁棺钉等遗物判断，侧室内葬有一人。据出土的随葬遗物判断，葬者应为女性。南京地区六朝早期墓葬中常见带耳室的砖室墓，耳室往往空间不大，主要用来放置随葬品，而该墓侧室埋葬死者，与安置随葬品的耳室理念、趣旨不同。

（四）主室　南北长4.4米，东西宽4米，平面接近正方形。墓壁采用三顺一丁的砌法。因跨度较大，墓顶应为穹窿顶。据残存的铜棺钉、铁棺钉及随葬器物的种类与分布综合判断，主室葬有两人，女棺在西，男棺在东。未发现棺床，这或与主墓室地面整体略高于甬道地面有关。

---

① 《简报》未提及墓道。作为横穴式墓葬，必定有墓道的存在。合理的解释是，该墓向南延伸的墓道被北大楼及道路叠压，未能发掘。

② 《简报》提示的数据，因原始发掘记录散失，无法一一对应不同墓墙厚度的具体数据。

③ 墓室墓壁的厚度问题，请参见本书附篇二《南京大学北园东晋墓整理札记》的相关论述。

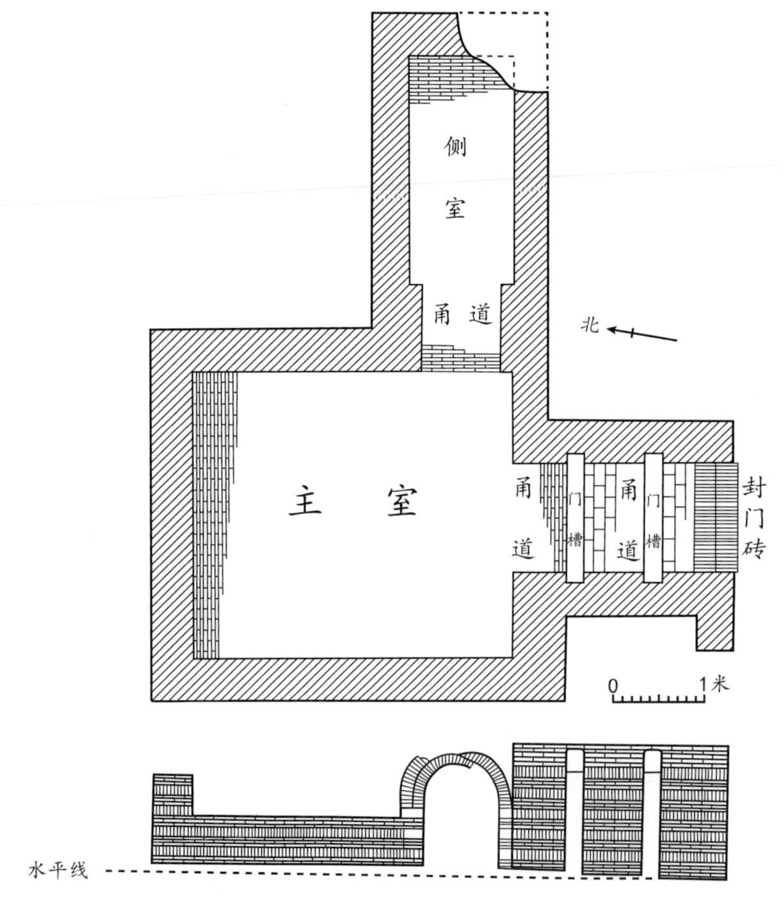

图五　南京大学北园东晋墓墓室平、剖面图

（五）墓内铺砖地面不同于常见的长方形砖平铺或人字形铺砌，主墓室、侧室及甬道第二道门槽以北采用的是长方形砖纵列竖砌，第二道门槽外的甬道采用横列平铺。

从墓葬的南北断面看，铺砖地面的高度从北壁下起向南逐渐降低，墓门口的砖面要比主室北壁下的砖面低13厘米。墓葬未发现六朝墓常见的排水暗沟，而是通过墓室南北的高低差来实现排除墓内积水的功能。由于墓墙墙基的底部北高南低，甬道内的墙基以两道门槽为界，自北而南分别由三层、四层和五层长方形砖平砌而成，使墓室各处的第一层丁砖保持在同一个水平高度上。

（六）墓葬用砖　墓葬用的砖类型较多，大体可分成长方形平砖和券砖两大类。

1.长方形平砖数量最多，依据砖的尺寸又可分为两种。

（1）长34厘米，宽16厘米，厚5厘米，数量最多。砖的两个平面上多数模印有三组或四组复线十字纹间斜线纹的图案；少数模印三组以五铢钱纹为中心的直线和斜线纹的图案；还有极少数的模印三组以八瓣莲花纹为中心的图案，四角各有一个五铢钱纹，在莲瓣纹和五铢钱纹之间，则填以密集的直线纹和斜线纹[①]。

（2）长29厘米，宽15厘米，厚5厘米，数量较上一种少。砖的两面都模印绳纹[②]。

2.券砖发现的数量较少，砖面均模印复线十字纹间斜线纹图案。依据砖的尺寸，又可分为三种。

（1）两个长边厚薄不等的刀形砖，一般长34厘米，宽15厘米，一边厚5厘米，一边厚3.5厘米。推测起券时作为顺砌使用。

（2）两个短边宽度不等的梯形砖，一般长34厘米，厚5厘米，一端宽15厘米，一端宽13厘米。这种砖是使用烧制好的长方形平砖改制而成的，短边面上可以清楚地看到用泥刀敲打过的痕迹。推测起券时作丁砖使用。

（3）长34厘米，厚5厘米，一端宽10厘米，一端宽6厘米，砖体较狭窄，呈梯形。

上述各类墓砖，除带莲瓣纹的长方形平砖外，其他都是南京地区六朝早期墓葬中常见的。

---

① 尺寸相同但砖面纹饰相异的莲花纹砖，是否为该墓用砖，因原始发掘记录的遗失或发掘时缺少明确辨别的意识而不明，相关分析请参见本书附篇二《南京大学北园东晋墓整理札记》。

② 尺寸、砖面纹饰均不相同的两种长方形平砖的使用与主室、侧室的关系，因原始发掘记录的遗失或发掘时缺少明确辨别的意识而不明，相关分析请参见本书附篇二《南京大学北园东晋墓整理札记》。

四　葬具与随葬品的分布

由于墓葬破坏严重，清理时随葬品分布凌乱且大多残碎，现场编制的小件号并不完整，次年刊发的《简报》也未给出随葬品件（组）数的数据。后经3年的复原修复，编定了器物完整及基本完整的器物登记号75-598~75-661；2002年南京大学考古与艺术博物馆成立后，藏品登账规范化，据先前的器物登记号，编定了南京大学文物藏品登录号8041~8104，编号总计为64件（组）；为编制报告，近年对相关文物再次进行修复，数量略有增加，在藏品登录号下设二级登录号。目前，该墓出土随葬品数量总计70余件（组），此外，尚有无法修复、器形难辨的残件若干。

据《简报》文字描述及所附遗物分布图，该墓葬具已全部被毁，仅存部分铜、铁质棺钉和漆皮、朽木，随葬器物的分布也比较凌乱。但据发掘过程中的观察及后续的整理研究，再与同时代墓葬进行对比，依然可以对葬具和随葬品的组合情况勾勒出一个大致的轮廓。

（一）关于葬具

主室后半部分与侧室内都发现了漆皮、朽木、棺钉和五铢钱，可以推断这两处就是原来安放葬具的地方。未发现遗骨。《简报》据能够体现性别特征的随葬品大体位置，铁刀、铁剑出土于主墓室后半部分的偏东部，推测此处或为男性棺木所在地。主室后半部分偏西，出土有镂花金片和桃形金片，可能是女性棺木的所在地。侧室甬道口也出有镂花金片和桃形金片，推测侧室葬的可能也是一位女性。值得注意的是，铜质棺钉都出在主墓室后半部分的偏东部，此处还出有卧龙陶座、陶砚和青瓷辟邪。主室后半部分的偏西部还出有卧羊陶座，并且只有铁棺钉发现[①]。侧室内出有卧虎陶座，并且也只有铁棺钉发现。

① 因墓葬被严重盗扰，加之漂移等因素，仅凭铁质刀剑、镂花金片、桃形金片的位置，是难以确认墓主性别之分的。尤其镂花金片、桃形金片等属死者的装饰用品，有一件发现于侧室甬道口，明显是盗扰或漂移所致。但对比南京地区大量的六朝早期夫妇合葬墓，男棺在东、女棺在西最为常见，侧室埋葬女性亦在常理之中。因此，《简报》的推论结果基本可信。

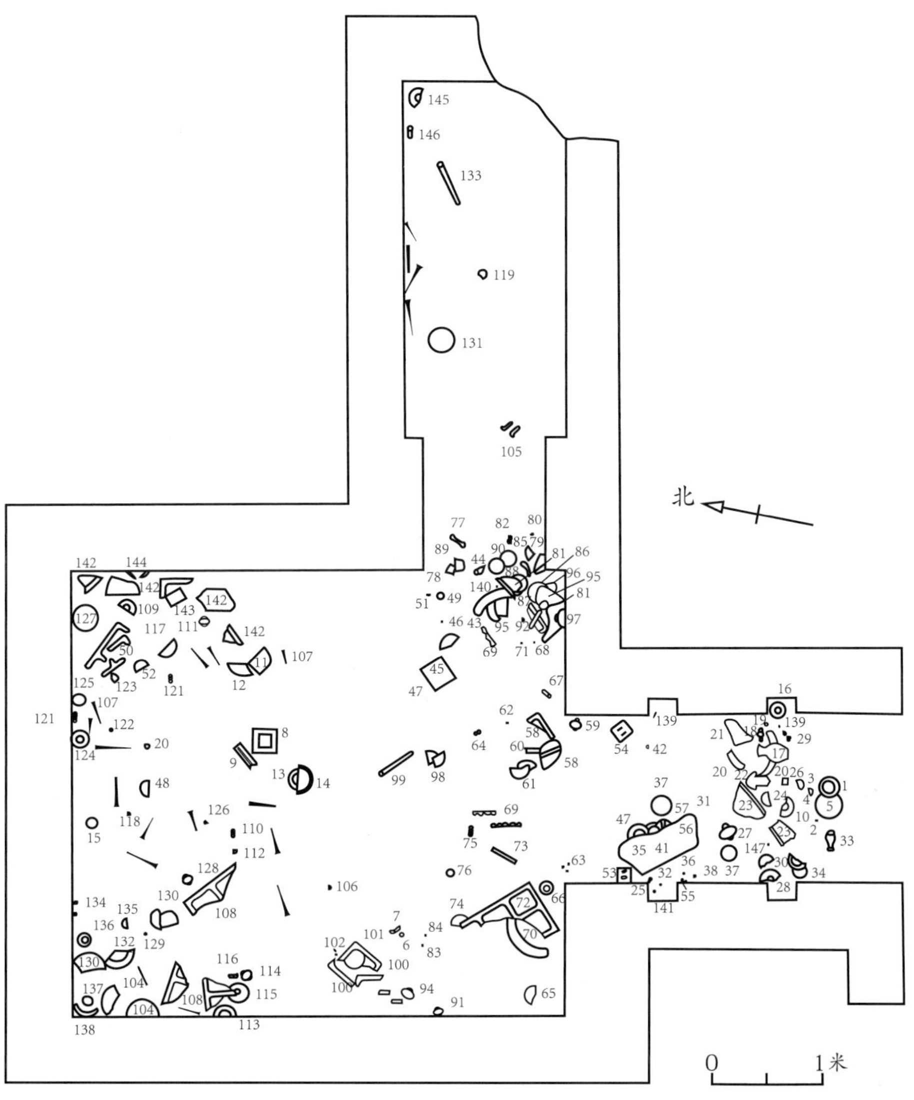

1、98. 青瓷鸡头壶　2、32、38、47、62、78、92、102、122、141. 花瓣形金片　3、4、15、119、135. 青瓷碗　5、66. 青瓷盖罐　6、64、75、110、121、146. 五铢钱　7. 小型陶案足　8、45. 方形陶座　9. 长方形陶座　10、28、115、132、138. 青瓷盘　11、12、50、72、100、108、142. 大型陶案碎片　13、24、34、39、57、74、90、101. 陶盘　14、40、85. 陶果盒　16. 青瓷四耳小壶　17、52. 青瓷双耳壶　18、19、29、82、134、147. 镂金花片　20、43、70、105. 陶凭几及几足　21、23、35、58、69、81. 中型陶案碎片　22、53、54、123. 残陶俑及座　25、51、55、56、63、80、106、118、126、129. 桃形金片　26. 漆盒的铜盖片　27、114、128. 青瓷耳杯　30. 青瓷钵　31、120. 银环　33. 青瓷瓶　36. 小金珠　37、86、93、96. 陶盆　41、65、79、117. 陶三足盘　42. 银泡　44. 玻璃杯残片　46、61、77、87. 陶瓢尊及把手　48、109、113、124. 青瓷灯　49. 陶钵　59、91、94、97、111. 陶耳杯　60、73. 长方形陶棒　67、103. 错金铜片　68. 料珠　71. 玛瑙珠　76. 青瓷香薰盖　83. 小铜帽　84. 水晶珠　88、116. 青瓷勺　89. 浅陶熏　95. 方形陶板座　99、133. 陶管　104、130. 青瓷洗　107. 铜棺钉　112. 银铺首　125. 青瓷辟邪　127. 卧龙陶座　131. 卧虎陶座　131. 陶唾壶[②]　137. 卧羊陶座　139. 银钉　140. 琉璃饰件　143. 陶砚　144. 铁刀、剑　145. 陶烛盘（图中未注明号码的钉形器均为铁棺钉）

图六　南京大学北园东晋墓遗物分布图[①]

---

① 图六为《简报》原图。图中所示出土遗物的数字及名称有部分舛误，或缺号，或重号，遗物名称亦偶有失误。因无原始发掘记录供修正，今仍其旧，不作修订。

② 《简报》原文误植，陶唾壶编号应为136。

（二）关于随葬品及其组合

根据器物出土时的位置（图六），结合室内整理复原的结果，再参照南京地区时代相近的墓葬情况，随葬品的种类及分布可以归纳出以下几点认识。

1.甬道内第一、第二道门槽之间的砖地上，安置一件陶案，作祭台之用①。陶案上及周围分布的器物有：陶凭几、陶盘、陶耳杯、陶盆、陶槅②、青瓷盘、青瓷耳杯、青瓷鸡首壶、青瓷双耳壶、青瓷四耳壶、青瓷六耳罐和青瓷四耳盖罐等。

2.甬道的北口将要进入主室的东西两侧，各置手持陶棒的守门立俑一件。

3.在侧室的甬道口，同样也有一个陶案作为祭台之用。陶案上及其周围分布的器物有：陶凭几、陶盘、陶勺、陶耳杯、陶瓢尊、陶槅、陶盆、陶熏、青瓷勺、青瓷杯和青瓷鸡首壶等，最引人注目的是一件玻璃杯的残片。

4.主室内有两件陶榻，亦作祭台之用。陶榻碎片最集中的地点，一处位于主室西南角，另一处位于主室东北角。原置于主室女棺前的陶榻及与之组合的陶案③上及周围分布的器物有：陶凭几、陶盘、陶耳杯、陶瓢尊、青瓷盘、青瓷耳杯、青瓷勺、青瓷洗和青瓷熏等。清理时位于墓室东北角的陶榻残片周围分布的器物有：陶盘、陶耳杯、陶瓢尊、陶槅、陶唾壶、陶砚和青瓷辟邪等。参考墓室西南角的遗物分布，可推测这些器物原来是置于男棺前的祭台及配套器具④。

5.在主室前半部分发现了两件小型陶案的碎片。这两件小型陶案可能与原置于男女棺前的陶榻和陶案一起，组成祭祀空间。

6.主室及侧室出土多件灯具，有青瓷灯、陶灯。此外还出土卧龙陶座和卧虎陶座，推测为灯座。另有两件卧羊陶座，头部有插孔，是否用作灯具，有不同的意见⑤。

---

① 陶案，《简报》作“中型陶案”。《简报》未关注榻、案的区别，统称为“案”，将陶榻命名为“大型陶案”，将陶案命名为“中型陶案”，将小型陶案命名为“小型陶案”。本书对榻、案重新命名，长方形六足陶榻两件，大型长条形栅足陶案两件，小型长条形栅足陶案两件。详见下文随葬品介绍。

② 陶槅，《简报》原命名为“陶果盒”，报告统一改为今名。

③ 陶榻与陶案的组合关系，详见本书附篇二《南京大学北园东晋墓整理札记》。

④ 分布于主室东北角的陶榻残件及相关器物，讨论详见本书附篇二《南京大学北园东晋墓整理札记》。

⑤ 针对墓室出土的灯具，《简报》推测主室的四角各置三足青瓷灯一件，侧室后墙的两角可能各置陶灯一件；卧龙陶座和卧羊陶座可能分别放在男、女两具棺木的足端；卧虎陶座可能原来放在侧室棺木的足端。但因墓室盗扰严重，《简报》给出的推论难与遗物分布图一一对应，为谨慎起见，此处不再引录此说。详见本书附录一《简报》。

关于晋代墓葬放置随葬品的情况，唐人杜佑《通典》卷八十六《凶礼八·葬仪》引晋人贺循《葬礼》云："哭毕柩进，即圹中神位。既窆，乃下器圹中。"同卷《荐车马明器及饰棺》篇又引贺循之言："其明器：凭几一，酒壶二，漆屏风一，三谷三器，瓦唾壶一，脯一箧，屦一，瓦罇一，屐一，瓦杯盘杓杖一，瓦烛盘一，箸百副，瓦奁一，瓦灶一，瓦香炉一，釜二，枕一，瓦甑一，手巾赠币三纁二，博充幅，长尺，瓦炉一，瓦盥盘一"[①]。

贺循是西晋到东晋初年会稽郡人，为江东世族的代表人物，家学深厚，深谙历代礼制。依据贺循列出的明器品名与该墓所出随葬品相印证，可以发现很多是相同的。如凭几（此墓为陶凭几）、酒壶（此墓为青瓷鸡首壶）、瓦唾壶（即陶唾壶）、瓦罇（或为陶瓢尊）、瓦杯（即陶耳杯）、盘（即陶盘）、杓（即陶勺）、瓦盥盆（即陶盆）等。值得注意的是，该墓有不少明器都出有三套，不仅有陶质的，还有青瓷质的，这与该墓葬有三人的推论一致。

墓中所出随葬品的分布特征与组合情况大体如上所述。以下，按随葬器物的质地分类，对该墓出土的随葬器物逐一加以介绍。

① （唐）杜佑撰，王文锦等点校：《通典》卷八十六《凶礼八·葬仪》，北京：中华书局，1988年，第2346页、第2325—2326页。

五　随葬品的种类

（一）陶器

《简报》报道共出土58件，以泥质灰陶为主，少数为泥质黑陶。器形有榻、案、凭几、瓢尊、盘、耳杯、盆、勺、槅、灯、钵、熏、唾壶、砚、座、俑等。完整器及出土时残损后经修复者今存27件（组），无法修复但器形可辨者2件（组），无法修复且器形难辨的碎片若干。

1. 陶榻[①]　2件。形制规格基本一致。

（1）陶榻1　无小件号。器物登记号：75-598。藏品登录号：8041。泥质灰陶，榻面平坦，四周有棱线，榻沿上有一条中凹线。6足，外4足截面为曲尺形，中2足为扁平形，足间弧曲，呈壶门形。出土时残损严重，足经修复，与榻身拼接。榻面长方形，长124厘米，宽99.7厘米，高28厘米。榻背面有纵横衬梁各3道，将背面隔成十六方格形，方格之间为宽3厘米、厚4厘米的隔梁，用于支撑榻面。部分器表怀疑留有漆痕。出土时对应遗物分布图编号11、12、50、142[②]，分布于主墓室东北。［图版一］

（2）陶榻2　无小件号。器物登记号：75-599。藏品登录号：8042。泥质灰陶，榻面平坦，四周有棱线，榻沿上有一条中凹线。6足，外4足截面为曲尺形，中2足为扁平形，足间弧曲，呈壶门形。出土时残损严重，经修复基本完整。榻面长方形，长123.2厘米，宽100厘米，高28.2厘米。榻背面有纵横衬梁各3道，将背面隔成十六方格形，方格之间为宽3厘米、厚4厘米的隔梁，用于支撑榻面。出土时对应遗物分布图编号72、100，分布于主墓室西南。修复时确认与遗物分布图108属同一个体。［图版二］

2. 大型陶案[③]　2件。形制规格基本一致。

（1）大型陶案1　无小件号。器物登记号：75-600。藏品登录号：8043。泥质

---

① 《简报》作“大型陶案”，据其形制及用途，今改为“陶榻”。

② 因该墓随葬器物残损严重，且经多次扰动，修复后的器物与发掘时所绘遗物分布图编号之间的对应关系仅作参考。下同。

③ 《简报》作“中型陶案”，但与上述陶榻（《简报》作“大型陶案”）明显存在形制差异，属于“案几”类。因同时存在小型陶案残件，故今定名为“大型陶案”。

灰陶，素面，案面背部两端有长条形凹槽，可与栅形侧足拼接，凹槽中有灌过铁汁的痕迹，应作加固之用。修复后完整，长123.4厘米，宽34.5厘米，高27.2厘米。[①]案背呈凹槽状，四边厚3.5厘米，中部厚1.5厘米。对应遗物分布图编号21、23、35、58，分布于甬道内两道门槽之间。［图版三］

（2）大型陶案2　无小件号、器物登记号。因残损严重无法修复，残件编号附于藏品登录号8043之下，为8043-1、8043-2、8043-3。案面残件8043-2残长41厘米、宽34.8厘米、边厚3.6厘米；栅形侧足残件2件（8043-1、8043-3）。8043-1长34.8厘米、高29厘米，8043-3宽11.2厘米、残高17厘米。形制尺寸应与大型陶案1基本一致。对应遗物分布图编号69、81，分布于侧室甬道。［图版四］

3. 小型陶案　仅存栅形侧足残件。无小件号和器物登记号。藏品登录号：8103-14。泥质灰陶，素面。长方形，形制尺寸小于上述大型陶案，《简报》推测其长59厘米、宽31厘米、高20厘米。对应遗物分布图编号7，位于主室西南。

4. 陶方形板座　1件。无小件号、器物登记号。修复后编号附于藏品登录号8042之下，为8042-1-1、8042-1-2、8042-1-3。泥质灰陶，素面。板面残损，经修复。双侧足脱落，保存完整。8042-1-1，案面残片，修复后长宽均为21.4厘米，厚1.2厘米。案面背部有4方孔，孔长3厘米、宽1.2厘米，可与两弓形侧足（8042-1-2、8042-1-3）拼接。8042-1-2、8042-1-3为弓形侧足，长15厘米、宽5厘米、厚1.2厘米。弓形侧足内侧亦各有2方孔，孔内残存木屑，推测或为连接弓形侧足的木质横杆，起支撑与加固作用。该器形未见他例，用途暂不明确。出土时对应遗物分布图编号95，位于侧室甬道口。［图版五］

5. 陶三足凭几　3件。形制规格基本一致。

（1）陶三足凭几1　无小件号。器物登记号：75-601。藏品登录号：8044。泥质灰陶，素面，几面弧形，三兽形足。部件保存完整，三兽足经修复与几面拼接。长64厘米，宽9厘米，高26.6厘米。几背呈凹槽状，中部厚2厘米，四边厚4厘米，有三个方形孔，分别用以插入三条几腿。几腿中部有折，下端作蹄形。对应遗物分布图编号20，位于甬道中。［图版六，线图参照图版八（8045、75-602）］

（2）陶三足凭几2　无小件号、器物登记号。藏品登录号：8044-1。泥质灰

① 器物的尺寸与《简报》略有差异，系修复后重新测定。下同。

陶，素面，几面弧形，三兽形足。出土时几面残断，经修复，三兽形足与几面拼接。长64厘米，宽9.5厘米，高27.5厘米。背面呈凹槽状，中部厚2厘米，四边厚4厘米，有三个方形孔，分别用以插入三个几腿。几腿中部有折，下端作蹄形。对应遗物分布图编号70，位于主室西南。［图版七，线图参照图版八］

（3）陶三足凭几3　无小件号。器物登记号：75-602。藏品登录号：8045。泥质灰陶，素面，几面弧形，三兽形足。出土时几面完整，三足脱落，经修复，三足与几面拼接。长66.4厘米，宽9厘米，高24厘米。背面呈凹槽状，中部厚2厘米，四边厚4厘米。对应遗物分布图编号43、105，位于侧室甬道。［图版八］

6. 陶瓢尊[①]　3件。保存基本完整者1件，经修复者1件，1件无法修复。

（1）陶瓢尊1　小件号：NDWM1:061。器物登记号：75-603。藏品登录号：8046。泥质灰陶，素面，圆形，方唇，斜腹，平底；腹一侧附弯曲的短柄，柄首呈菱形。口沿外侧下饰一周凹弦纹，经修复完整，连柄宽32.8厘米，高15.6厘米，盆口径24.5厘米，底径17厘米，高10厘米。对应遗物分布图编号61，位于主室南部。［图版九］

（2）陶瓢尊2　无小件号。无器物登记号；藏品登录号：8046-1。泥质灰陶，素面，口沿下有一道凹弦纹，柄首呈菱形。出土3件残片，经修复。修复后口径22.3厘米，底径17厘米，高13.2厘米。对应遗物分布图编号46、77、87，位于侧室甬道。［图版十］

7. 陶三足盘　《简报》称有4件，现存3件。形制相同，尺寸略有差异。似三足陶砚，但盘面平坦，四周无水槽。发现时，这类三足盘均与陶瓢尊或陶熏的碎片同出，《简报》疑其为陶瓢尊或陶熏的承托盘。器物登记号名“陶盘座”，藏品登录号名称改为“三足陶砚”。

（1）陶三足盘1　小件号：NDWM1:065。器物登记号：75-604。藏品登录号：8047。保存完整，浅盘口，直壁，盘面平坦，下为三蹄足。泥质灰陶，素面，口沿下有一道凹弦纹。口径19.6厘米，底径16厘米，高6厘米。对应遗物分布图编号65，位于主室西南。［图版十一］

① 器形为瓢状带把，又有“陶樽勺”“陶魁”之称。《简报》据《南京西善桥南朝墓及其砖刻壁画》一文的考证，将其定名为“瓢尊”。编制藏品登录号时称“陶魁”。

（2）陶三足盘2　无小件号、器物登记号。藏品登录号：8047-1。泥质灰陶，素面。出土时残，修复后口径18厘米，底径16厘米，高5.6厘米。浅盘口，直壁，盘面平坦，下为三蹄足。对应遗物分布图编号117，位于主室东北。［图版十二］

（3）陶三足盘3　无小件号、器物登记号。藏品登录号：8047-2。泥质灰陶，素面。出土时残，仅余原器三分之一，修复后口径17.4厘米，底径15.6厘米，高5.8厘米。浅盘口，直壁，盘面平坦，下为三蹄足。对应遗物分布图编号79，位于侧室甬道。［图版十三］

8. 陶盘　3件，较完整的2件，1件无法修复。盘中均涂朱，可能原置有耳杯。

（1）陶盘1　无小件号。器物登记号：75-605。藏品登录号：8048。泥质灰陶，素面，盘中有涂朱痕迹。敞口，斜腹，盘底外侧内凹，中部平底内凹。出土时残碎，修复后口径22.6厘米，底径20厘米，高2.6厘米。对应遗物分布图编号24、34、57，位于主室甬道。［图版十四］

（2）陶盘2　无小件号。器物登记号：75-606。藏品登录号：8049。器形完整。泥质灰陶，盘中有涂朱痕迹，盘内底部有一道凸弦纹。口径16.8厘米，底径14.5厘米，高2.6厘米。对应遗物分布图编号13（主室中部）、74、101（主室西南）。［图版十五］

9. 陶耳杯　《简报》称出土8件，现存4件。可分大小两型，杯内均涂朱。

（1）陶耳杯1　小件号：NDWM1:097。器物登记号：75-607。藏品登录号：8050。泥质灰陶，素面，椭圆形，敞口，弧壁，两端微上翘，假圈足，口沿外侧各附一半月形耳。长19.2厘米，连耳宽13.5厘米，器口宽10.8厘米，高6厘米。对应遗物分布图编号97，位于侧室甬道。［图版十六］

（2）陶耳杯2　无小件号、器物登记号。藏品登录号：8050-1。泥质灰陶，素面。出土时残，残高6.2厘米，修复后长18.4厘米，宽13.8厘米。对应遗物分布图编号111，位于主室东北。［图版十七］

（3）陶耳杯3　无小件号。器物登记号：75-608。藏品登录号：8051。泥质灰陶，素面，椭圆形，敞口，弧壁，耳杯两端微微上翘，假圈足，口沿外侧各附一半月形耳。出土时残，修复后长20厘米，连耳宽13.5厘米，器口宽10.6厘米，高6.6厘米。对应遗物分布图编号91，位于主室西南。［图版十八］

（4）陶耳杯4　无小件号、器物登记号。藏品登录号：8051-1。泥质灰陶，素面。

椭圆形，敞口，弧壁，假圈足，口沿外侧各附一半月形耳。出土时残，高8.8厘米，修复后长23.7厘米，宽14.8厘米。对应遗物分布图编号94，位于主室西南。［图版十九］

10. 陶唾壶　1件。无小件号。器物登记号：75-611。藏品登录号：8054。泥质灰陶，素面，局部有黑色陶衣。浅盘口，束颈，扁鼓腹，平底微内凹。出土时残，修复后口径8.6厘米，最大腹径13厘米，底径11厘米，高10.4厘米。对应遗物分布图编号136，位于主室西北。［图版二十］

11. 陶卧羊座　2件。1件残缺大半，无法修复。1件修复后基本完整，小件号：NDWM1:137。器物登记号：75-612。藏品登录号：8055。泥质灰陶，素面。羊体中空，呈伏卧状。昂首短颈，双目圆睁，双角弯曲盘于耳后，胡须悬垂，身体肥硕，背部丰满，臀部贴饰短尾，四肢匍匐。卧羊头顶正中有圆孔。通长26厘米，腹宽7.6厘米，通高13厘米。出土位置对应遗物分布图编号137，位于主室西北。［图版二十一］

12. 陶卧龙、卧虎座　残碎严重，仅余残件2件。无小件号、器物登记号。藏品登录号：8103-9。对应遗物分布图编号127（主室东北）、131（侧室）。［图版二十二］

据《简报》描述，均为圆形座，龙头和虎头伸出座外，作昂首张口状，龙身和虎身则盘绕在座的四周。座中央有圆孔，用来插放一种上细下粗的陶管。座的直径为24厘米，高7厘米，管长64厘米，管的上口有一直径2厘米的小孔。

13. 陶制品组合　带凹槽陶器《简报》提及4件，实有3件。均无小件号。编有两个器物登记号：75-613、75-614。两个藏品登录号：8056、8057。后新登账编号为8057-3器物一件，名“长方形陶座”，实为另一件带凹槽陶制品。长方形陶棒现存3件，均无小件号和器物登记号。藏品登录号分别为8056-1、8057-1、8057-2。用途不明，《简报》称或与带凹槽陶座有关。

带凹槽陶器　均为泥质灰陶，素面，长边一侧开有长条形凹槽。部分残碎，经修复。75-613（8056）长35.8厘米、宽7.6厘米、厚6厘米，槽宽2.5厘米；75-614（8057）长35.5厘米、宽5.5厘米、厚8.2厘米，槽宽2.5厘米。8057-3长36.3厘米、宽5.4厘米。对应遗物分布图编号9，位于主室中部。［图版二十三］

长方形陶棒　均为泥质灰陶，素面。8056-1，长32.5厘米，宽3.2厘米，高2.2厘米；8057-1，长33厘米，宽3.4厘米，高2.2厘米；8057-2，长32.5厘米，宽3.2厘

米，高2.4厘米。对应遗物分布图编号60、73，位于主室南部。［图版二十三］

14. 陶俑　2件。《简报》称均带陶板座，连座高46厘米，头戴冠，穿窄袖右衽长衣，手中可能原持圆形陶棒（在附近发现），以象征持戟守门。陶俑头部、身部和足部都是分段模制而成。比较特殊的是，俑的双足上部呈杆状，直插俑体内肩下。今仅存陶俑残件2件。

（1）陶俑1　无小件号。器物登记号：75-615。藏品登录号：8058。泥质灰陶，素面。据《简报》附图，此俑衣长及膝，穿窄袖右衽长衣，左臂作持物状，立于方形板座上，今已残损，仅存头部及上半身，残高26厘米。头戴平上帻，簪导，面含笑意，曲领窄袖。对应遗物分布图编号22、53、54（甬道）、123（主室东北）。［图版二十四］

（2）陶俑2　无小件号。器物登记号：75-616。藏品登录号：8059。泥质灰陶，素面。头戴平上帻，簪导，面含笑意。残损严重，仅存头部，残高14.8厘米。对应遗物分布图编号22、53、54、123[①]。［图版二十五］

此外，《简报》中介绍但目前已无法一一确认的陶器类制品还有以下一些，今引《简报》文如下。

陶盆　4件。其中一件有双鱼纹，口径33.5厘米，底径23厘米，高6厘米。盆内底有弦纹一圈，内有刻划而成的双鱼纹。另两件残碎不全，盆内均无双鱼纹。

陶勺　2件。均残缺不全，可能原置于盆内，用以取水。

陶槅　3件。圆形，高圈足，盘内涂朱，分成若干小格，计盘径26厘米、高5厘米，均残缺过半。

陶灯　2件。似陶豆形，柱中空。均残缺过半，约高10厘米。

陶钵　1件。残缺，口径为7厘米。

陶熏　1件。似鸡笼状，周身布满圆形和三角形的镂孔。口径2.5厘米，底径15厘米，高度不明。熏的附近同出一件盘面平坦的三足陶盘，可能就是熏的底座。

陶砚　1件。长方形带盖，两端作凸弧形，砚面四周有一圈凸起的边框，并在一端做成方形水池。砚盖四周则为一圈凹入的边槽，并在一端做成方形凹槽，似与砚面相合。砚面及盖均长29厘米，宽20厘米，厚1.5厘米。

---

① 陶俑1、陶俑2残碎严重，发掘时未对碎片逐次编号，修复后确认有两件，遗物分布图编号22、53、54、123难与之一一对应。

这次整理对大部分器物残件亦进行了登录，在藏品登录号8103下列入二级登录号，其下的器物残件主要有以下一些：

陶瓢尊残件　藏品登录号：8103-1。泥质灰陶，素面，仅余柄部，残长11厘米，对应遗物分布图编号87，位于侧室甬道。参照［图版二十六］。

陶三足盘残件　藏品登录号：8103-2。泥质灰陶，素面，仅存1片，残长9.8厘米。对应遗物分布图编号41，位于甬道。

陶耳杯残件　藏品登录号：8103-3。泥质灰陶，素面，仅存1片，最大残件长6厘米。对应遗物分布图编号59，位于甬道。

陶盆残件　藏品登录号：8103-4。泥质灰陶，素面，仅余3片，残长11厘米。对应遗物分布图编号37，位于甬道。

陶槅残件　藏品登录号：8103-5。泥质灰陶，素面，仅余3片，残长21厘米。对应遗物分布图编号14，位于主室中部。

陶灯残件　藏品登录号：8103-6。泥质灰陶，素面，仅存灯足，残长6.3厘米。对应遗物分布图编号145，位于侧室。参照［图版二十六］。

陶灯残件　藏品登录号：8103-7。泥质灰陶，素面，仅存灯足，残长5.7厘米，径5.6厘米。对应遗物分布图编号145，位于侧室。

陶钵残件　藏品登录号：8103-8。泥质灰陶，素面。残存4片，最大残长6厘米。对应遗物分布图编号49，位于侧室甬道。参照［图版二十六］。

陶龙虎座残件　藏品登录号8103-9。仅存2片，最大残长8.5厘米。对应遗物分布图编号127（主室东北）、131（侧室）。因器物具有典型意义，已在本节陶器类中加以叙述。

陶方形板座残件　藏品登录号：8103-10。陶质，多边形，中有插孔。仅存1片，残长4.5厘米，宽3.2厘米，厚1.2厘米。对应遗物分布图编号8（主室东北）、45（侧室甬道）。

陶三足凭几残件　藏品登录号：8103-11。残存4件，最大残长17厘米。

带孔灰陶残件　藏品登录号：8103-12。仅存1片，残长3.5厘米，宽2.5厘米。

带孔灰陶残件　藏品登录号：8103-13。残存3片，残径7厘米。参照［图版二十六］。

小型陶案残件　藏品登录号：8103-14。陶质，素面，仅存栅形侧足残件，相关描述见本节（一）陶器“3. 小型陶案”。

（二）青瓷器

《简报》称出土青瓷器32件，器形有壶、罐、盘、耳杯、勺、洗、碗、钵、瓶、灯、熏和辟邪等，出土时多数残破。32件中包括因盗扰混入该墓的南朝遗物，经拼对修复，今能确认出土于该墓且修复后完整的东晋青瓷器23件。

1. 青瓷鸡首壶　2件。器身均作盘口短颈圆腹平底状，流作昂首张口的鸡首状，曲柄，柄端作鸡尾状，柄的高度略与盘口齐平。规制尺寸略有不同①。

（1）青瓷鸡首壶1　小件号：NDWM1:001。器物登记号：75-617。藏品登录号：8060。盘口，直颈，鼓腹，平底，底部有削制痕迹。釉色青黄，施釉不及底。肩、颈部各有一道凹弦纹，局部弦纹上贴塑鸡首、弧形柄及两个对称的桥形横系。流作昂首张口的鸡首，壶柄自肩连于盘口，其高度略与盘口齐平。出土时基本完整，口径10厘米，最大腹径20.5厘米，底径12.8厘米，高26厘米。对应遗物分布图编号1，位于甬道。［图版二十七］

（2）青瓷鸡首壶2　小件号：NDWM1:098。器物登记号：75-618。藏品登录号：8061。出土时残碎，经修复后完整。盘口，直颈，鼓腹，平底微内凹，底部有削制痕迹。灰白色胎，釉色青绿，施釉不及底。肩部饰弦纹一周，上贴塑鸡首、弧形柄及两个对称的桥形横系。流作昂首张口的鸡首，壶柄自肩连于盘口，其高度略与盘口齐平。口径10.6厘米，最大腹径20.4厘米，底径12.4厘米，高26.8厘米。对应遗物分布图编号98，位于主室南部。［图版二十八］

2. 青瓷盘口壶②　2件。器身的形状与鸡首壶同。

（1）青瓷盘口壶1　小件号：NDWM1:017。器物登记号：75-619。藏品登录号：8062。出土时残碎，经修复后完整。浅盘口，直颈，圆肩，鼓腹，平底微内凹，肩部饰两周弦纹和一周网格纹组成的装饰纹带。青釉，釉色泛黄，施釉不及底，釉层较薄，脱釉严重，漏胎处呈红褐色。双竖系，系上饰叶脉纹，口径14.6厘米，最大腹径21厘米，底径10厘米，高24.4厘米。对应遗物分布图编号17，位于甬道。［图版二十九］

（2）青瓷盘口壶2　小件号：NDWM1:052。器物登记号：75-620。藏品登录

① 整理的实测数据与《简报》略有不同。

② 《简报》命名为“双耳壶”，今按习称改为“青瓷盘口壶”。

号：8063。出土时完整，青釉，釉色青中泛黄，施釉不及底，釉层较薄，漏胎处呈红褐色。浅盘口，束颈，圆肩，圆腹下收，平底微内凹。肩部饰两组凹弦纹，每组弦纹之间饰联珠纹，略下的一道压印不明显。两组上下弦纹、联珠纹带间贴饰双系及铺首各一对。口径14厘米，最大腹径21厘米，底径10厘米，高25.2厘米。对应遗物分布图编号52，位于主室东北。［图版三十］

3. 青瓷褐斑点彩四系壶[①] 1件。小件号：NDWM1:016。器物登记号：75-621。藏品登录号：8064。出土时完整，青釉，釉色青黄，有细小开片，施釉不及底，釉层较薄，漏胎处呈红褐色。浅盘口，束颈，溜肩，弧腹下收，平底。肩部饰有两周凹弦纹，四横系。口沿、盘口及肩颈、上腹部饰有多处褐斑点彩。口径8.5厘米，最大腹径14.8厘米，底径8.4厘米，高15.6厘米。对应遗物分布图编号16，位于甬道。［图版三十一］

4. 青瓷四系盖罐 2件。一件修复后完整，一件残碎无法修复。修复后完整者小件号：NDWM1:005（罐）、NDWM1:066（盖）。器物登记号：75-622A（罐）、75-622B（盖）；藏品登录号：8065A（罐）、8065B（盖）。整理时并为1件。出土时完整，釉色青黄，施釉不及底。盖钮呈瓜棱状，周饰五道同心凹弦纹。罐肩部饰联珠纹、凹弦纹、网格纹组合成的带状纹，贴塑四兽，四横系。口径11.4厘米，最大腹径24厘米，底径13.2厘米，通高28.6厘米。对应遗物分布图编号5、66，位于甬道。［图版三十二］

5. 青瓷六系罐 1件。小件号：NDWM1:142。器物登记号：75-623。藏品登录号：8066。修复后完整，内外施青釉，釉色黄中泛青，内部施满釉，外釉及底，密布细小开片，平底内凹，器底有涂痕。肩部饰两道弦纹，附六桥形系，四横二竖。口径7.8厘米，最大腹径13.4厘米，底径6厘米，高9.4厘米。对应遗物分布图编号142，位于主室东北。［图版三十三］

6. 青瓷盘 3件

（1）青瓷盘1 小件号：NDWM1:010、NDWM1:028。[②]器物登记号：75-624。藏品登录号：8067。出土时断为数片，修复后完整。圆唇，斜腹，平底。胎色灰白，内外通体施釉，釉色青绿。盘内饰两道弦纹，弦纹间饰一圈连波纹。盘底支烧痕迹明显。口径20.8厘米，底径13.8厘米，高3.4厘米。对应遗物分布图编号10、

① 藏品登录号名“青瓷点彩四系盘口壶”。

② 出土时两件较大残片分别编小件号，经修复确认为一件。

28，位于甬道。［图版三十四］

（2）青瓷盘2　小件号：NDWM1:115、NDWM1:132。器物登记号：75-625。藏品登录号：8068。出土时断裂，修复后完整。胎色灰白，内外通体施釉，釉色青绿。盘内饰一道凹弦纹，外饰四组凹弦纹。盘底支烧痕迹明显。口径21.5厘米，底径14.5厘米，高3厘米。对应遗物分布图编号115、132，位于主室西北。［图版三十五］

（3）青瓷盘3　小件号：NDWM1:138。器物登记号：75-626。藏品登录号：8069。出土时完整。圆唇，斜腹，平底。胎色灰白，内外通体施青釉，釉色青绿。盘内饰两组凹弦纹，外饰四组凹弦纹。盘底支烧痕迹明显。口径21.5厘米，底径14.2厘米，高3厘米。对应遗物分布图编号138，位于主室西北。［图版三十六］

7. 青瓷耳杯　3件。分大小两型，大型1件，小型2件。杯底均有支烧痕迹。这几件耳杯原来都应置于盘中。

（1）青瓷耳杯1　小件号：NDWM1:027。器物登记号：75-627。藏品登录号：8070A。出土时残碎，修复后完整。素面，胎色灰白，内外施青釉。椭圆形，圆唇，弧壁，耳杯两头微微上翘，两侧附月牙形耳，平底，底部有支烧痕迹。长19.6厘米，连耳宽12厘米，高5.8厘米，底径9.2厘米。对应遗物分布图编号27，位于甬道。［图版三十七］

（2）青瓷耳杯2　小件号：NDWM1:128。器物登记号：75-627。藏品登录号：8070B1。出土时完整，素面，椭圆形，圆唇，弧壁，两侧附月牙形耳，平底，底部有支烧痕迹。胎色灰白，内外施青釉。长8厘米，连耳宽5.4厘米，高2.6厘米。对应遗物分布图编号128，位于主室西北。［图版三十八］

（3）青瓷耳杯3　小件号：NDWM1:114。器物登记号：75-627。藏品登录号：8070B2。出土时断裂，修复后完整。素面，胎色灰白，内外施青釉。椭圆形，圆唇，弧壁，两侧附月牙形耳，平底，底部有支烧痕迹。长8.2厘米，连耳宽6厘米，高2.5厘米。对应遗物分布图编号114，位于主室西北。［图版三十九］

8. 青瓷洗　2件

（1）青瓷洗1　小件号：NDWM1:104。器物登记号：75-628。藏品登录号：8071。保存完整，敞口，尖唇，深腹，平底微内凹，底部无釉，有支烧痕迹。内施满釉，釉色青黄。口沿下饰两道弦纹，腹部压印两周联珠纹，其间夹饰一周网格纹，网格纹带内均匀贴塑三铺首。口径26.6厘米，底径13.4厘米，高11.6厘米。对应

遗物分布图编号104，位于主室西北。［图版四十］

（2）青瓷洗2　小件号：NDWM1:130。器物登记号：75-629。藏品登录号：8072。保存完整，敞口，尖唇，深腹，平底微内凹，底部无釉，有支烧痕。内外满釉，釉色青黄。口沿下饰两道弦纹，腹部压印两周联珠纹，其间夹饰一周网格纹，贴塑三铺首。口径26.6厘米，底径14.6厘米，高11厘米。与青瓷洗1形制基本一致。对应遗物分布图编号130，位于主室西北部。［图版四十一］

9. 青瓷勺　《简报》记录3件，实有2件，有大小之别。

（1）青瓷勺1　无小件号。器物登记号：75-630。藏品登录号：8073A。出土时断裂，修复后完整，长11厘米，高3.3厘米。素面，胎色灰白，内外施青釉，侈口尖唇，壁薄底厚，勺柄短而弯曲，背部有支烧痕迹。对应遗物分布图编号88，位于侧室甬道。［图版四十二］

（2）青瓷勺2　无小件号。器物登记号：75-630。藏品登录号：8073B。柄断裂，修复后完整，长9.3厘米，高3厘米。素面，通体施青釉，胎色灰白，内外施青釉，侈口尖唇，壁薄底厚，勺柄短而弯曲，背部有支烧痕迹。对应遗物分布图编号116，位于主室西北。［图版四十三］

10. 青瓷灯　3件。器形基本相同，均由灯盏、灯柱、三兽足承盘等部分构成，纹饰上略有区别。

（1）青瓷灯1　小件号：NDWM1:124。器物登记号：75-634。藏品登录号：8077。出土时残，修复后完整，由灯盏、灯柱、三足承盘组成。灯柱中空。灯盏口沿外侧饰一周凹弦纹，灯盏、灯柱、承盘亦饰多组弦纹。承盘平沿，浅腹，平底，底饰三熊足，口沿压印一圈联珠纹，盘内饰一周网格纹。除承盘底部外均施釉，釉色青绿。盏口径9.8厘米，承盘口径16厘米，高13厘米。对应遗物分布图编号124，位于主室东北。［图版四十四］

（2）青瓷灯2　小件号：NDWM1:113。器物登记号：75-635。藏品登录号：8078。出土时完整，由灯盏、灯柱、三足承盘灯座组成。灯柱中空，承盘平底内凹。灯盏口沿外侧饰一周凹弦纹，腹部饰二道弦纹。灯盏、灯柱、承盘内均饰一周网格纹带。承盘平沿，浅腹，平底，底饰三熊足，口沿压印一圈联珠纹。除承盘底部外均施釉，釉色青绿。盏口径8.6厘米，承盘口径16.2厘米，高13.6厘米。对应遗物分布图编号113，位于主室西北。［图版四十五］

（3）青瓷灯3　小件号：NDWM1:109。器物登记号：75-636。藏品登录号：8079。出土时残损，经修复。由灯盏、灯柱、三足承盘灯座组成。灯柱中空，承盘平底。灯盏、灯柱、承盘均饰多组弦纹。承盘平沿，浅腹，平底，底饰三熊足，口沿压印一圈联珠纹，盘内饰一周网格纹带。除承盘底部外均施釉，釉色青绿。盏口径9.6厘米，承盘口径16.2厘米，高13.6厘米。对应遗物分布图编号109，位于主室东北。［图版四十六］

11. 青瓷狮形插器①　1件。小件号：NDWM1:125。器物登记号：75-637。藏品登录号：8080。器形完整，外观为作昂首蹲踞状的狮子。背部有一圆管，后部贴塑蕉叶纹尾，器身通体饰压印圈点纹，面部、耳部、四蹄、尾部纹饰均为刻划而成。胎色灰白，通体施青釉，釉层匀润，满布细小开片，底部露胎，有支烧痕迹。长16厘米，身宽7.4~8.4厘米，头部高11.2厘米，尾部高8.5厘米。对应遗物分布图编号125，位于主室东北。［图版四十七］

以下3件青瓷碗和1件青瓷四系瓶，从风格上看属于典型的南朝器物。该墓侧室东南部被南朝墓葬打破，明初建钟楼时造成的扰乱更甚。4件器物的出土地点对应遗物分布图编号15、33、119、135，零散分布于主室西北部、侧室和甬道第一道门外，基本可判断均为后世混入。为保存资料，今列于下。

12. 青瓷碗　《简报》称出土碗5件，今存3件，分属两种不同类型。

（1）青瓷碗1　小件号：NDWM1:119。器物登记号：75-609。藏品登录号：8052。出土时残，经修复。素面，釉色青中泛黄，有细小开片，施釉不及底。直口，深腹，饼足，足平底内凹。口径7.8厘米，底径3.2厘米，高6厘米。对应遗物分布图编号119，位于侧室。［图版四十八］

（2）青瓷碗2　小件号：NDWM1:135。器物登记号：75-610。藏品登录号：8053。出土时残，经修复。素面，釉色青中泛黄，有细小开片，施釉不及底。直口，深腹，饼足，足平底内凹。口径8厘米，底径2.8厘米，高5.8厘米。对应遗物分布图编号135，位于主室西北。［图版四十九］

（3）青瓷碗3　小件号：NDWM1:015。器物登记号：75-631。藏品登录号：8074。出土时残碎，修复后完整。口部微敛，弧腹，饼足，足平底内凹。素面，口

① 《简报》作“辟邪”，今改为“青瓷狮形插器”。

沿外侧饰一道弦纹。内外施釉，均不及底，釉层脱落严重。口径13.6厘米，底径5厘米，高6厘米。对应遗物分布图编号15，位于主室北部。［图版五十］

13. 青瓷四系瓶[①] 1件。小件号：NDWM1:033。器物登记号：75-633。藏品登录号：8076。出土时残碎，修复后完整。直口，尖唇，肩部鼓出，附四横系，下腹内收，近底部外撇，平底内凹。素面，釉层全部脱落，胎色灰白。口径7.2厘米，底径7.5厘米，高15厘米。对应遗物分布图编号33，位于甬道第一道门槽外。［图版五十一］

此外，《简报》还提及一件青瓷钵，器物登记号：75-632。藏品登录号：8075。口径12厘米，最大腹径16厘米，底径6.3厘米，高11厘米。敛口，鼓腹，小平底，釉色茶黄，与墓中所出大多数青釉器不同。其纹饰也比较特殊，为刻划成近似仰莲纹的图案，由十七瓣组成，线条比较简单瘦削，不像南朝时期的流畅肥硕。据描述，亦当是一件扰乱进来的南朝器物。

（三）金属器

该墓共发现金、银、铜、铁等质地的器物十余件（组），现将器形可辨者简述如下。

1. 镂金饰片[②] 4件。金片的成分经光谱分析，主要为金，纯度很高，杂质成分有铜、银、铁、硅，皆微量[③]。对应遗物分布图编号18、19、29、147（甬道）、82（侧室甬道）、134（主室西北）。

---

① 《简报》命名为“青瓷四耳瓶”，藏品登录器物名“青瓷四系罐”。

② 《简报》称“镂金饰片”，器物登记据研究成果改名为“金冠饰”，藏品登录器物名“蝉纹金珰”。今保留《简报》的命名，其用途则为冠饰金珰。

③ 《简报》所附南京大学化学系分析化学教研室出具的分析报告的全文如下：

历史系交来东晋古墓中饰件样品，经光谱分析，结果如下：

1. 金属小钉：主要成分为银，杂质成分：铜、铋中量；锡、铁少量；铅、硅微量。

2. 金属兽首：主要成分为银，杂质成分与以上相同。

3. 金属大环：主要成分为银，杂质成分与以上相同。

4. 金属小环：主要成分为银，杂质成分：铜、铋中量；铅少量，金微量。

5. 金片：主要成分为金，杂质成分：铜、银、铁、硅皆微量。

根据以上分析，前四种为银、铜、铋合金，小环没有锡，故性较脆。金片纯度很高。铜、铋有时与银共生，可能是冶炼时混进的主要杂质。

分析报告日期：1972 年 5 月 12 日

（1）镂金饰片1　无小件号。器物登记号：75-659。藏品登录号：8103。保存完整，重5.2克。山形，顶部尖起，圆肩，内饰镂空蝉纹。边缘及纹样主线条上饰连续的粟粒纹及金珠。背面四周内折边缘呈锯齿状，残留漆痕。长4厘米，上宽3.9厘米，下宽3厘米。［图版五十二］

（2）镂金饰片2　无小件号。器物登记号：75-658。藏品登录号：8102。保存完整，重3.2克。方形，内饰兽面，双目金珠缺失，边缘及纹样主线条上饰连续的粟粒纹，残留漆痕。背面四周内折边缘呈锯齿状。长3.2厘米，宽3.1厘米。［图版五十三］

（3）镂金饰片3　无小件号。器物登记号：75-661。藏品登录号：8100。保存基本完整，仅顶部略残缺，重3.6克。山形，内饰纹样为近似侧身盘绕的龙形与人形纹的组合，藏品登录描述作“神人乘龙纹”。目中金珠缺失。边缘及纹样主线条上饰连续的粟粒纹及金珠。背部四周内折边缘呈锯齿状，残留漆痕。长3.9厘米，宽2.8厘米。［图版五十四］

（4）镂金饰片4　无小件号。器物登记号：75-657。藏品登录号：8101。保存完整，重3.4克。山形，内饰纹样为近似侧身盘绕的龙形与人形纹的组合，藏品登录描述作“神人乘龙纹”。目中金珠缺失。边缘及纹样主线条上饰连续的粟粒纹及金珠。背部四周内折边缘呈锯齿状，残留漆痕。长4厘米，宽2.8厘米。［图版五十五］

2. 长条形金饰片①　现存5件，总重7克。无小件号。器物登记号：75-639。藏品登录号：8082。长条形，背面残留漆痕。4件相对完整者，长6.7厘米，宽0.3厘米，两端均有小孔，其中一个小孔内还保存有长0.9厘米的银合金钉。正面等距离留有镶嵌宝石类物品的圆形凹槽，所嵌宝石全失。1件严重残损，残长3厘米，仅留两处镶嵌宝石的圆形凹槽。金片一侧边缘及圆形凹槽周围饰粟粒纹。［图版五十六］

3. 桃形金叶片　32件，总重7克。无小件号。器物登记号：75-640。藏品登录号：8083。叶片完整，桃形，素面，尖头部有小孔，可供穿系。规格有大小两种，大的长1.6厘米，宽1.3厘米，重0.23~0.3克不等；小的长1.3厘米，宽1厘米，重0.12克左右。厚均为0.3毫米。对应遗物分布图编号25、55、56、63（甬道）、51、80（侧室甬道）、106、118、126、129（主室北部）。［图版五十七］

4. 花瓣形金叶片　10件。无小件号。器物登记号：75-641。藏品登录号：8084。

---

① 《简报》称“长条形金叶片”，藏品登录器物名“长条形金片”，今据实物命名为“长条形金饰片”。

9件完整，1件残损，总重4.1克。六叶花瓣形，中心有小孔，可供穿系。系模制而成，规格基本相同，直径约1.7厘米。对应遗物分布图编号2、32、38、47、141（甬道）、62（主室南部）、78、92（侧室甬道）、102（主室西南）、122（主室东北）。［图版五十八］

5. 圆形金饰片　2件。《简报》未提及。无小件号。器物登记号：75-660。藏品登录号：8104。保存完整，总重1.2克。圆形，镂空四组变形鸟纹，边缘及纹样主线条上饰连续的粟粒纹。直径1.5厘米。对应遗物分布图18、19、29、147（甬道）、82（侧室甬道）、134（主室西北）。［图版五十九］

6. 金珠　1件。无小件号。器物登记号：75-642。藏品登录号：8085。保存完整，重0.8克。素面，呈腰鼓形，纵向穿孔。长0.6厘米，腰部最宽处0.4厘米，两端宽0.2厘米。对应遗物分布图编号36，位于甬道。［图版六十］

7. 鎏金铜带具[①]　《简报》称有3件，现存残件4件。无小件号。器物登记号：75-648。藏品登录号：8091。长条形，正面鎏金，可见缠枝花纹及葡萄纹。两端及中端有相距3厘米左右的铆孔，部分铆孔脱落。背面平整，素面，未鎏金。残长3.2—8.8厘米，宽1厘米。对应遗物分布图编号67、103，位于侧室甬道。［图版六十一］

8. 银泡　2件。无小件号。器物登记号：75-643。藏品登录号：8086。略残损，素面，正面鼓起，呈半球形，内空，内凹面泥土未清理，《简报》称内附漆皮。径1.9厘米，高1厘米。对应遗物分布图编号42，位于甬道。［图版六十二］

9. 金属钉具　6枚。无小件号。器物登记号：75-646。藏品登录号：8089。保存基本完整，为常见钉具状。长2.2厘米，钉帽圆径0.6厘米。经光谱分析，主要成分为银，杂质成分有铜、铋、锡、铁、铅、硅，是银、铜、铋的合金。对应遗物分布图编号139，位于甬道。［图版六十三］

10. 金属铺首与金属环各1件。成分与上述金属钉具（8089、75-646）同，为银、铜、铋合金。

金属铺首　无小件号。器物登记号：75-644。藏品登录号：8087。保存完整，兽面，口衔圆环。宽2.9厘米，厚0.2厘米，环径1.8厘米，高4.4厘米。对应遗物分布图编号112，位于主室西北。［图版六十四］

---

① 《简报》称“错金铜片”，藏品登录器物名“鎏金铜片”。经确认材质为鎏金，为腰带所附金属具，今更名为“鎏金铜带具”。

金属环　无小件号。器物登记号：75-645。藏品登录号：8088。或为另一件铺首的衔环，环径1.2厘米。对应遗物分布图编号31，位于甬道。［图版六十四］

11. 青铜方形饰[①]　1件。无小件号。器物登记号：75-638。藏品登录号：8081。保存完整，素面，锈蚀严重。正面为方形盝顶，正中有方形穿孔，背面底部平整。长6.7厘米，宽6.7厘米，高1.2厘米。对应遗物分布图编号26，位于甬道。［图版六十五］

12. 青铜鸟饰件[②]　1件。无小件号。器物登记号：75-647。藏品登录号：8090。立鸟形，鸟足作短圆形銎。保存基本完整，尾部略缺失。长3.7厘米，高3.1厘米。对应遗物分布图编号83，位于主室西南。［图版六十六］

13. 铁剑残件　1段。锈蚀严重，据直形刀刃判断为剑。无小件号。器物登记号：75-649。藏品登录号：8092。最大残件长10.5厘米，宽3厘米，厚0.4厘米。剑身用平纹绢包裹，绢纹细密，每平方厘米内的经纬线各为60根左右。或对应遗物分布图编号144，位于主室东北。［图版六十七］

14. 铁刀残件　1段。锈蚀严重，据弧形刀刃判断为刀。无小件号。器物登记号：75-650。藏品登录号：8093。最大残件长19厘米，一端宽1.8厘米，一端宽1.5厘米，厚0.4厘米。刀面也裹以平纹绢，再用细麻绳缠绕，绢纹的密度与铁剑上包裹的相同。刀面上还遗留一些云母片。对应遗物分布图编号144，位于主室东北。［图版六十七］

15. 钱币　无小件号。器物登记号：75-656。藏品登录号：8099。残碎，多数粘结成块，未清理。可辨别钱文的仅五铢一种，以东汉五铢钱为主，也有少数剪轮五铢和綖环钱，径2~2.6厘米。对应遗物分布图编号6、64、75、110、121（主室）、146（侧室）。［图版六十八］

（四）其他

该墓出土的其他质地的遗物还有玻璃器、料器、水晶器、玛瑙器、石器等。

1. 玻璃杯碎片　4片。无小件号。器物登记号：75-651。藏品登录号：8094。残碎，推测原器是一件敞口折唇、腹部略鼓起的玻璃杯。无色透明，口沿下有两道弦

---

① 《简报》称“漆盒的铜盖片”。然用途不明，今更名为“青铜方形饰”。

② 《简报》未附平面图，正文作“青铜乌杖头”。藏品登录器物名“青铜鸟饰件”，从之。

纹，腹中部也有两道弦纹。以腹中部的两道弦纹为界，上下均有对称的磨花直瓣形花纹，腹上部的圆形尖瓣向上，腹下部的圆形尖瓣向下。测算口径约10厘米，厚0.1厘米。对应随葬品遗物分布图编号44，位于侧室甬道。［图版六十九］

2. 炭精饰件[①]　1件。无小件号。器物登记号：75-652-1。藏品登录号：8095-1。整体呈匍匐的兽形或蟾蜍形，深蓝色，通体有横向穿孔。长1.6厘米，宽1.2厘米。对应遗物分布图编号68，位于侧室甬道。［图版七十］

3. 琉璃饰件　1件。无小件号。器物登记号：75-652-2。藏品登录号：8095-2。近球形，胎体灰白。表面为淡绿色，部分残损。长1.3厘米，宽1厘米。对应遗物分布图编号140，位于侧室甬道。［图版七十］

4. 石珠　3件。无小件号。器物登记号：75-655。藏品登录号：8098。微残，球形，素面，通体穿孔。有大小两种规格。蓝色直径0.5厘米，其他两件直径0.4厘米。对应遗物分布图编号68，位于侧室甬道。［图版七十一］

5. 水晶珠　1件。无小件号。器物登记号：75-653。藏品登录号：8096。微残，球形，直径1.1厘米。中有穿孔。对应遗物分布图编号84，位于主室西南。［图版七十二］

6. 玛瑙饰件　1件。无小件号。器物登记号：75-654。藏品登录号：8097。微残，有天然玛瑙纹样。圆管状，腰部略鼓起，通体穿孔。长1.4厘米，腰径0.8厘米，两端径0.6厘米。对应遗物分布图编号71，位于侧室甬道。［图版七十三］

此外，《简报》还报道有石板2件，原为长方形，均残缺，其中一块的宽度是16.5厘米，推测为调色板。此次整理中未发现相应实物。

① 《简报》称“料器”，藏品登录器物名“蓝色琉璃饰件”，今据同类出土物，定名“炭精饰件”。

六 结 语

通过对该墓不同规格、纹饰的长方形墓砖的使用，主室、侧室墓壁厚度的差异以及设祭场所前后变化与部分遗物的分析，笔者认为，该墓的初始形制并不包括侧室，而是一座近方形的大型砖室墓。侧室是在主室墓主入葬一段时间后，为葬入第三者加砌的。主墓室因左右跨度大，参照南京地区六朝早期墓例，推测是穹窿顶。侧室是为葬入单棺加砌的，空间狭窄，应为券顶。

正因为侧室是为葬入第三者加砌的，因此，除因盗扰混入的少量南朝特征明显的器物外，该墓出土的随葬器物，尤其是形制特征演变敏感的青瓷器具，基本上可以分出两组。甲组是仍具江南地区西晋以来典型装饰风格的器物，以器物肩部装饰上下弦纹或联珠纹，间饰网格纹，带状纹饰之间贴塑铺首者最具时代特征。这类风格器具的使用，可一直延续至东晋前期。乙组是进入东晋以后逐渐普及开来的器物，器形整体比例增高，下腹部略有内收，盘口口径增大，肩颈部装饰消失，部分器物出现褐斑点彩等。东晋立国103年，基于政治、社会的发展进程及物质文化形态的演变，可以东晋简文帝在位时期（371—372）为界，将东晋分为前后两期。那么，该墓可断为东晋前期墓葬。物质文化形态的演变往往更加敏感，基于迄今所见东晋陶瓷器的演变轨迹，甲组偏前期早段，乙组偏前期晚段，反映了主室墓主与侧室墓主入葬的时间差。尤其是甬道两道门槽之间设祭场所残留的器物群，既有甲组器物，又有乙组器物，可见在葬入侧室的第三者后的最后设祭，既利用了前期入葬的旧器物，也增加了后期入葬时的新器物。

经半个世纪以上的考古发掘和研究，六朝都城建康地区周围的墓葬等级问题已基本清晰，无须在此赘言。南京大学北园东晋墓，关于其墓主，虽然有东晋元、明、成、哀四帝之一，元、明、成三帝之一，元帝（建平陵）、成帝（兴平陵）等不同意见，但墓葬作为东晋前期的帝陵，自发掘以来就是学界的共识，其中最重要的依据就是甬道内设置两道墓门。

基于目前较多的墓例，南京大学北园东晋墓、幕府山南京汽轮电机厂东晋墓[①]、

① 南京市博物馆：《南京北郊东晋墓发掘简报》，《考古》1983年第4期。

富贵山东晋墓[1]，甬道内均设置两道木门。南朝尤其是齐、梁时期的帝陵，也无一例外甬道中设置两道门，只是木门换成了石门。东晋时期甬道内设置一道木门的墓葬，墓主有宗室成员，也有世家大族，南朝时甬道内设置一道石门的，墓主通常都是宗室成员。

关于东晋诸帝的葬地，唐人许嵩在《建康实录》卷八《穆皇帝》的最后作了总结："案，晋十一帝，有十陵，元、明、成、哀四陵在鸡笼山之阳，阴葬不起坟。康、简文、（孝）武、安、恭五陵在钟山之阳，亦不起坟。惟孝宗一陵，在幕府山，起坟也。"[2]许嵩是意识到了穆帝永平陵与其他诸陵在葬地、葬制上的不同，特意在此加上案语的。

鸡笼山诸陵，是元帝建平陵、明帝武平陵、成帝兴平陵和哀帝安平陵。元、明、成三帝是嫡长子继位，成帝长子哀帝在经历了康帝、穆帝两代后继位，成为"中兴正统"，葬入鸡笼山陵区。

《建康实录》叙晋元帝建平陵称"在今县北九里鸡笼山阳"，明帝武平陵"在县城北九里鸡笼山阳，与元帝同"，成帝兴平陵"在县北七里鸡笼山阳，与元帝同处"，哀帝安平陵"在县北九里鸡笼山之阳，元帝同处"[3]。这里所说的"县"，是指唐上元县。明帝武平陵、成帝兴平陵、哀帝安平陵既然均"与元帝同处"，那么，叙述成帝兴平陵时所说的"七里"应该是"九里"之误。李吉甫《元和郡县图志》卷二十五《江南道一》叙述元、明、成、哀四帝陵均在上元县"北六里鸡笼山南"[4]，可见四陵同在一处，举目可望。

仔细梳理两晋时期后妃祔葬祔庙的文献资料后发现，两晋后妃祔葬祔庙虽然存在各种情况，差异较大，但基本能看出其制度性规定，即追赠的皇后大多祔葬入庙，而追赠的嫔妃则不具有与皇帝祔葬、入庙配食的资格。

然而，成帝时的宫中贵人、生下哀帝和废帝海西公两位王子的周氏的情况非常特殊。作为"中兴正统"的哀帝继位后，诏有司议论周氏的位号。权臣桓温议宜称

① 南京博物院：《南京富贵山东晋墓发掘报告》，《考古》1966年第4期。

② （唐）许嵩撰，张学锋、陆帅整理：《建康实录》卷八《穆皇帝》，南京：南京出版社，2020年，第126页。

③ 《建康实录》，第82、90、112、130页。

④ （唐）李吉甫撰，贺次君点校：《元和郡县图志》，北京：中华书局，1983年，第597页。《元和郡县图志》作"六里"，当作唐里。

"夫人"，尚书仆射江彪议宜为"太夫人"，这两个位号均比周氏原有的"贵人"高得多，但哀帝仍然对此不满，最终排除诸大臣的议论，诏崇周氏为"皇太妃"，仪服与太后同。"皇太妃"之号，东晋时期已废除不用，而哀帝特意使这一古代称号复活，用于自己的生母，在礼仪服御上一同皇太后，不得不说这是个特例。哀帝继位后的次年三月，周氏薨，哀帝亲往琅邪王第奔丧，并力争将周氏的服丧期由三个月延长为一年。

东晋皇后以外的嫔妃"葬"事，仅见于《建康实录》的记载，而且仅见一例，就是关于周氏的。《建康实录》卷八哀皇帝兴宁元年三月条称："皇太妃薨于琅琊第。"同卷七月条："丁酉，葬皇太妃。妃姓周氏，汝南人，选入成帝宫，有宠，生帝及海西公，拜为贵人。帝即位，诏崇为皇太妃，仪服同于太后，而葬不祔陵庙。"[①]《建康实录》"而葬不祔陵庙"一句非常值得推敲。遍检六朝史籍，他处从未出现过"祔陵庙"或"不祔陵庙"的用词，并且，在"诏崇为皇太妃，仪服同于太后"之后紧跟着"而葬不祔陵庙"的"而"字在文法上也难以解释。因此，此处不妨作大胆推测，"而葬不祔陵庙"是"葬陵而不祔庙"之倒误。而且从周太妃薨亡到入葬，前后相差四个月，也许这正好是从朝廷上的礼仪争论到加筑侧室、匆忙入葬的时间。以上推论虽难免改字释义之嫌，但这能够很好地解释南大北园东晋墓的各种考古学现象。

根据历史文献记载，基于出土遗物的时代特征，笔者认为南大北园东晋墓作为晋成帝兴平陵的可能性最大。如若推测可信，入葬的三人分别是晋成帝、杜皇后、周太妃。主室的砌筑时间在公元342年左右，侧室的加筑时间为公元363年。

① 《建康实录》，第129页。

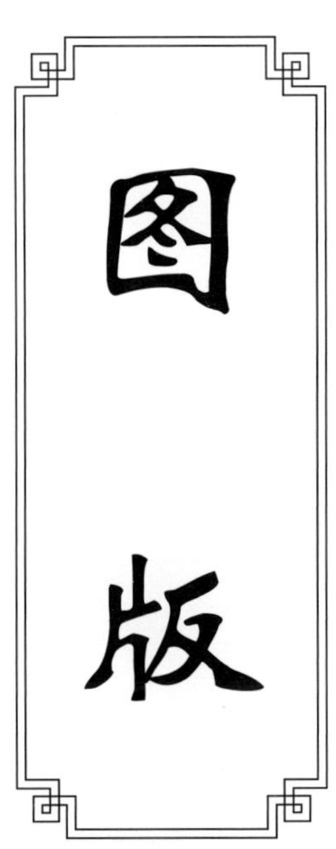
图
版

图版一　陶榻1

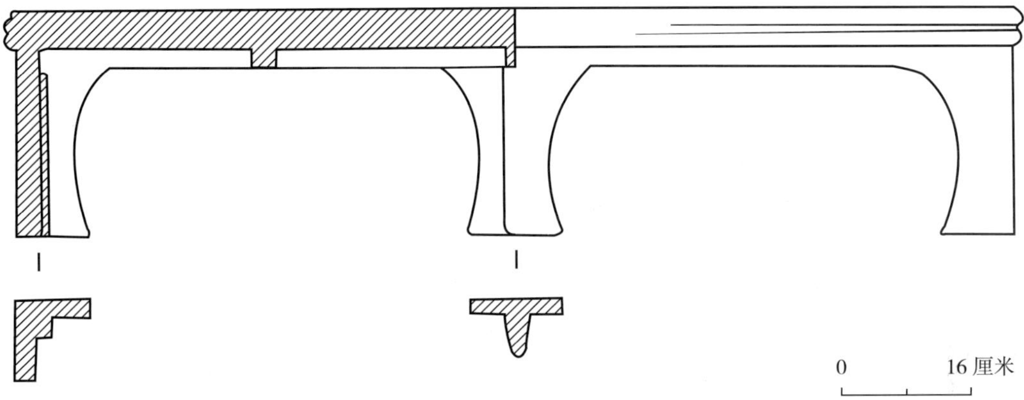

器　　名：陶榻

质　　地：泥质灰陶

保存状况：经修复基本完整

器形纹饰：素面，6足，外4足截面为曲尺形，中2足为扁平形，足间呈壸门形；榻背面有纵横衬梁各3道，将背面隔成十六方格形

尺　　寸：长124厘米，宽99.7厘米，高28厘米

器物登记号：75-598

藏品登录号：8041

图版二　陶榻2

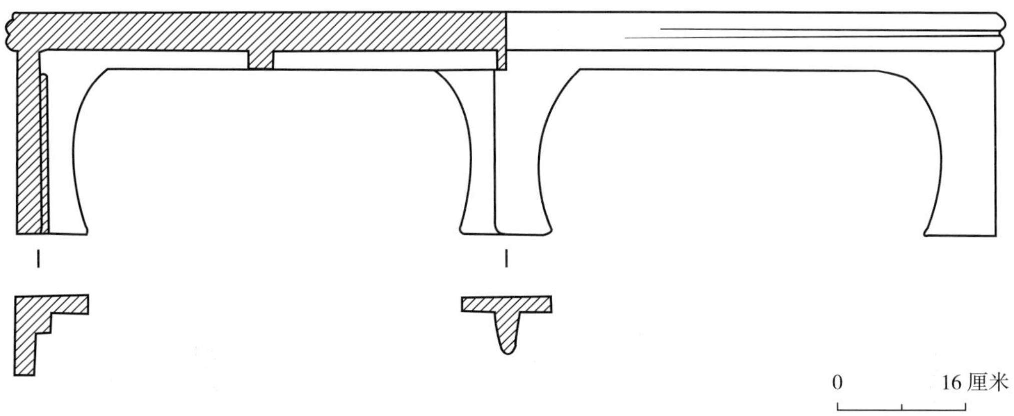

器　　名：陶榻

质　　地：泥质灰陶

保存状况：经修复基本完整，足经修复与榻身拼接

器形纹饰：素面，6足，外4足截面为曲尺形，中2足为扁平形，足间呈壶门形；榻背面有纵横衬梁各3道，将背面隔成十六方格形

尺　　寸：长123.2厘米，宽100厘米，高28.2厘米

器物登记号：75-599

藏品登记号：8042

图版三　大型陶案1

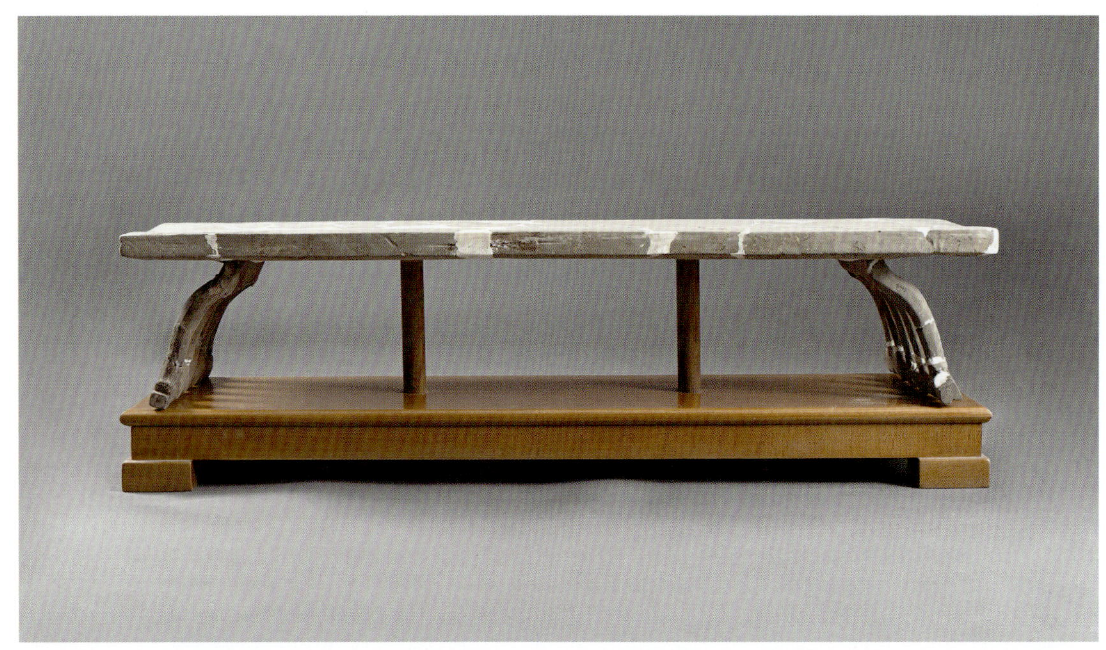

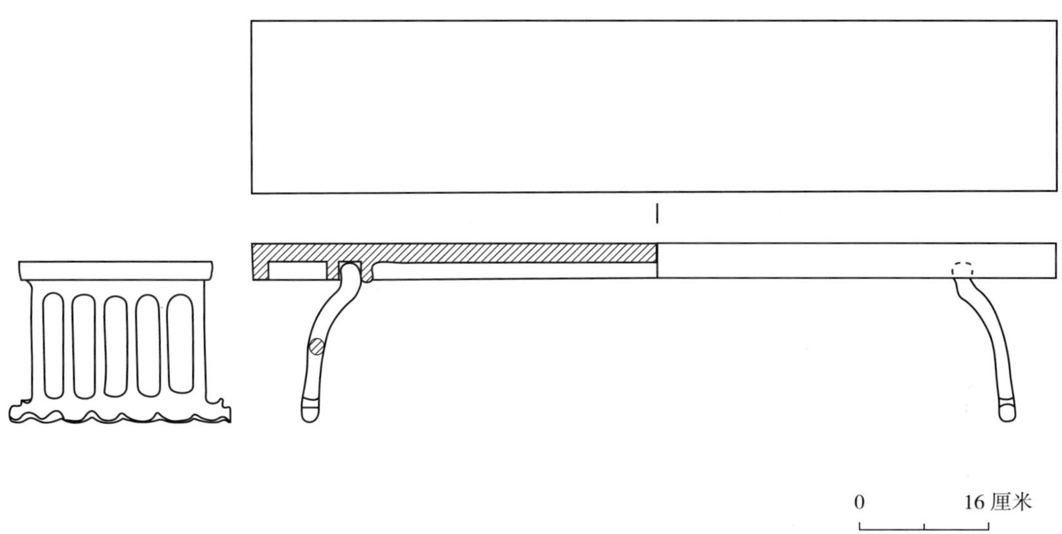

器　　名：大型陶案

质　　地：泥质灰陶

保存状况：修复后完整

器形纹饰：素面，侧足作栅形

尺　　寸：长123.4厘米，宽34.5厘米，高27.2厘米

器物登记号：75-600

藏品登录号：8043

图版四　大型陶案2

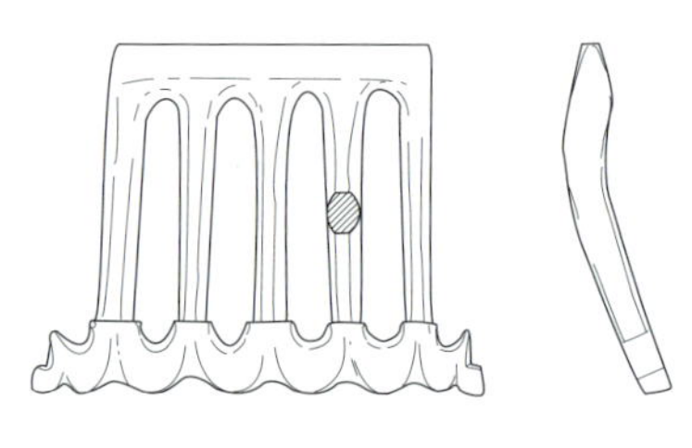

0　8厘米

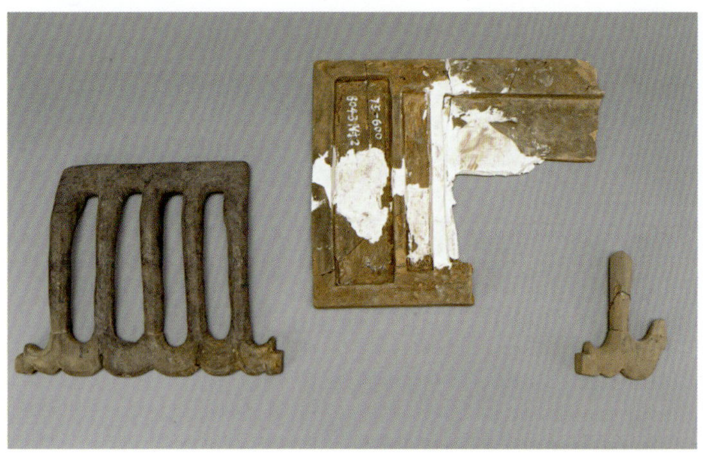

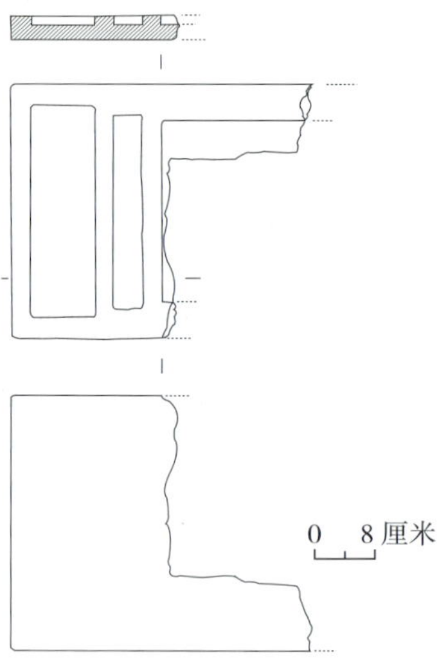

器　　名：大型陶案

质　　地：泥质灰陶

保存状况：残损严重

器形纹饰：素面，侧足作栅形

尺　　寸：案面残件1（8043-2），残长41厘米，宽34.8厘米，厚3.6厘米；栅形侧足残件2（8043-1、8043-3），8043-1长34.8厘米、高29厘米，8043-3宽11.2厘米、残高17厘米

藏品登录号：8043-1、8043-2、8043-3

图版五　陶方形板座

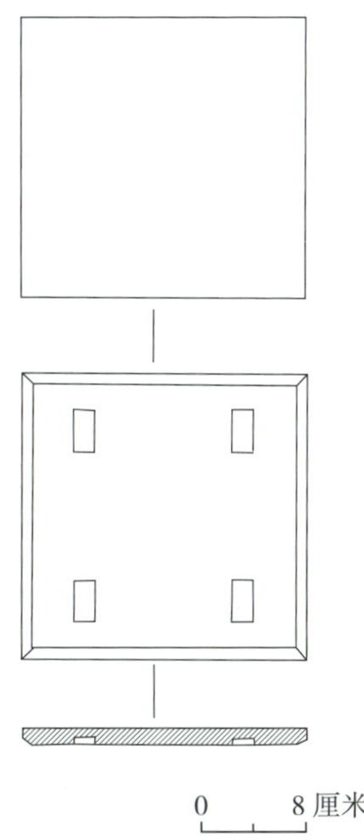

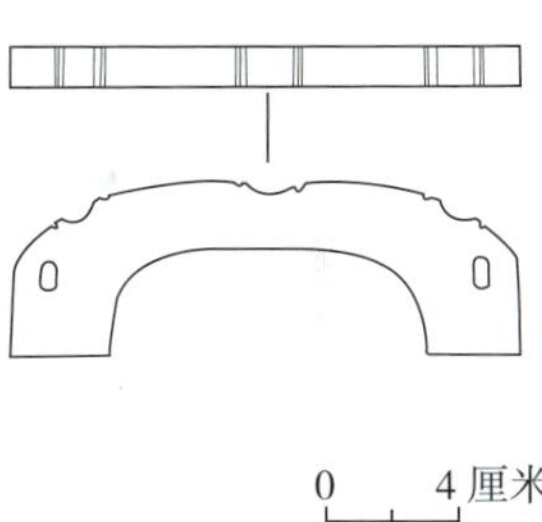

器　　名：陶方形板座

质　　地：泥质灰陶

保存状况：板面残损，经修复；双侧足脱落，保存完整

器形纹饰：素面

尺　　寸：8042-1-1，案面，长宽均为21.4厘米，厚1.2厘米；背面附有4方孔，孔长3厘米、宽1.2厘米；8042-1-2、8042-1-3,弓形侧足，长15厘米，宽5厘米，厚1.2厘米

藏品登录号：8042-1-1、8042-1-2、8042-1-3

图版六　陶三足凭几1

器　　名：陶三足凭几

质　　地：泥质灰陶

保存状况：部件完整，三兽形足经修复与几面拼接

器形纹饰：素面，几面弧形，三兽形足

尺　　寸：长64厘米，宽9厘米，高26.6厘米

器物登记号：75-601

藏品登录号：8044

图版七　陶三足凭几2

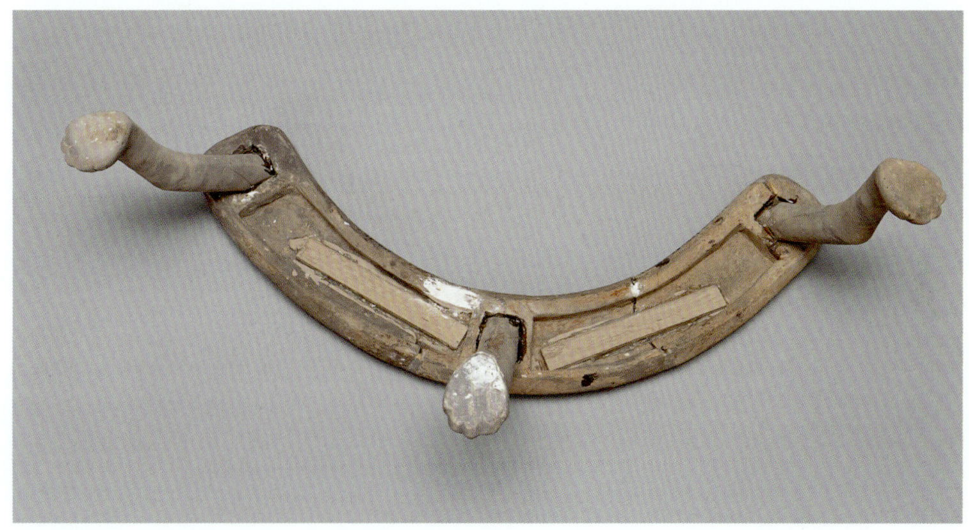

器　　名：陶三足凭几

质　　地：泥质灰陶

保存状况：几面残断，三兽形足经修复与几面拼接

器形纹饰：素面，几面弧形，三兽形足

尺　　寸：长64厘米，宽9.5厘米，高27.5厘米

藏品登录号：8044-1

图版八　陶三足凭几3

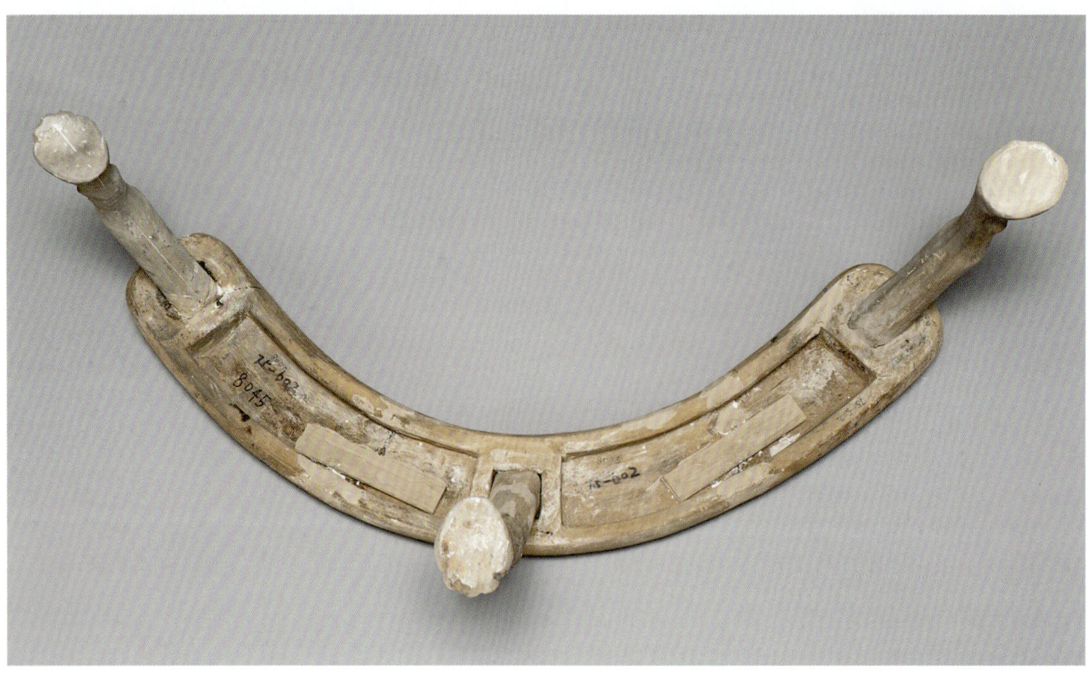

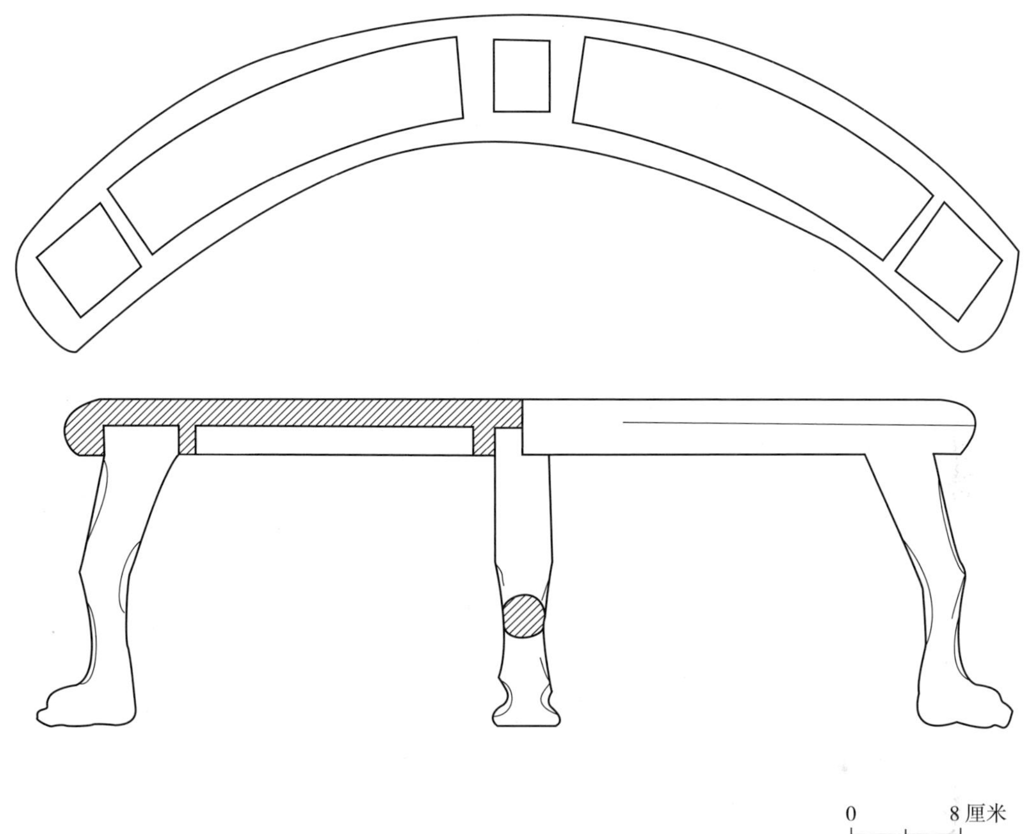

器　　名：陶三足凭几

质　　地：泥质灰陶

保存状况：完整，几面与三足经修复拼接

器形纹饰：素面，几面弧形，三兽形足

尺　　寸：长66.4厘米，宽9厘米，高24厘米

器物登记号：75-602

藏品登录号：8045

图版九　陶瓢尊1

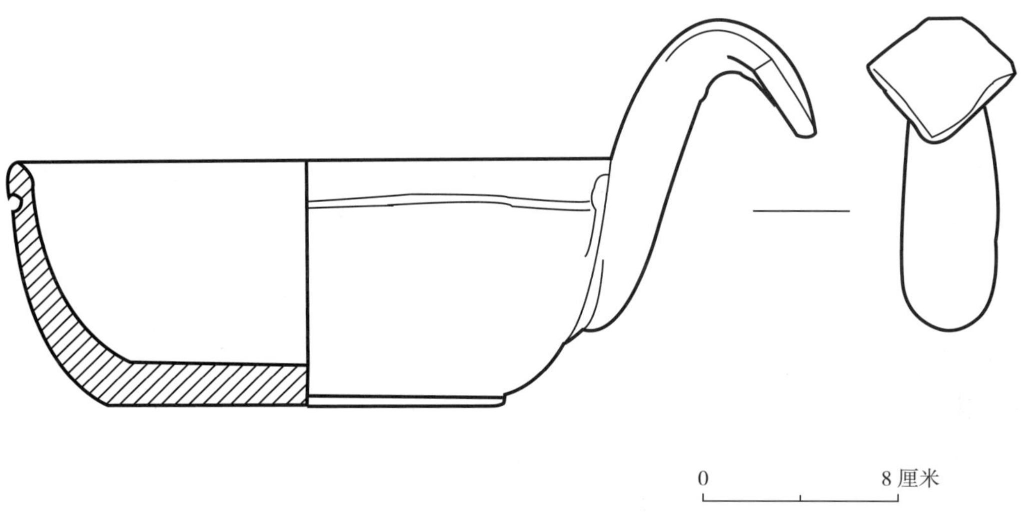

器　　名：陶瓢尊

质　　地：泥质灰陶

保存状况：经修复完整

器形纹饰：素面，口沿下有一道凹弦纹，柄首呈菱形

尺　　寸：通宽32.8厘米，通高15.6厘米，盆高10厘米，口径24.5厘米，底径17厘米

小 件 号：NDWM1:061

器物登记号：75-603

藏品登录号：8046

图版十　陶瓢尊2

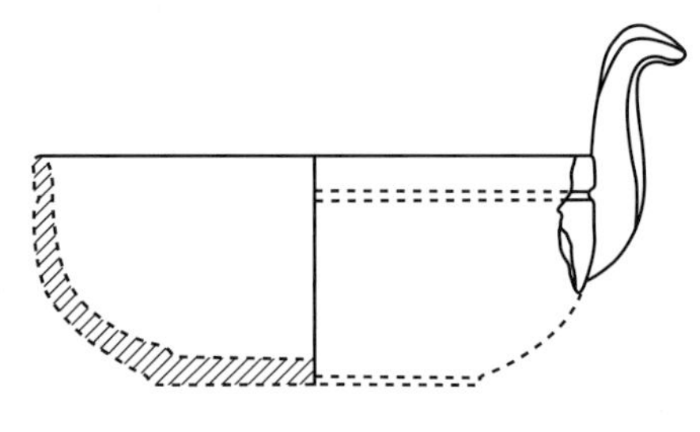

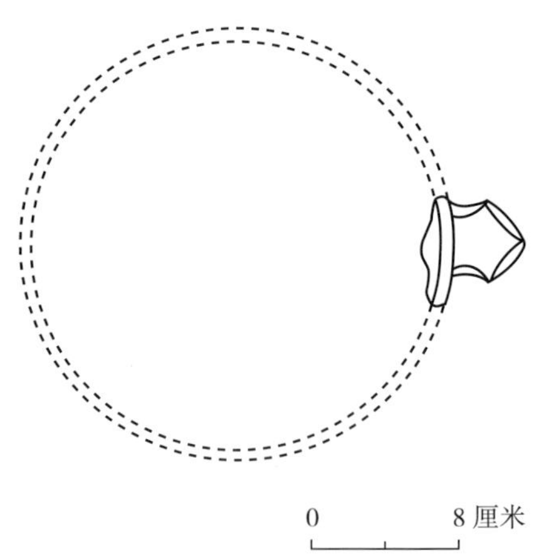

器　　名：陶瓢尊

质　　地：泥质灰陶

保存状况：残存3片

器形纹饰：素面，口沿下有一道凹弦纹，柄首呈菱形

尺　　寸：修复后口径22.3厘米，底径17厘米，高13.2厘米

藏品登录号：8046-1

图版十一　陶三足盘1

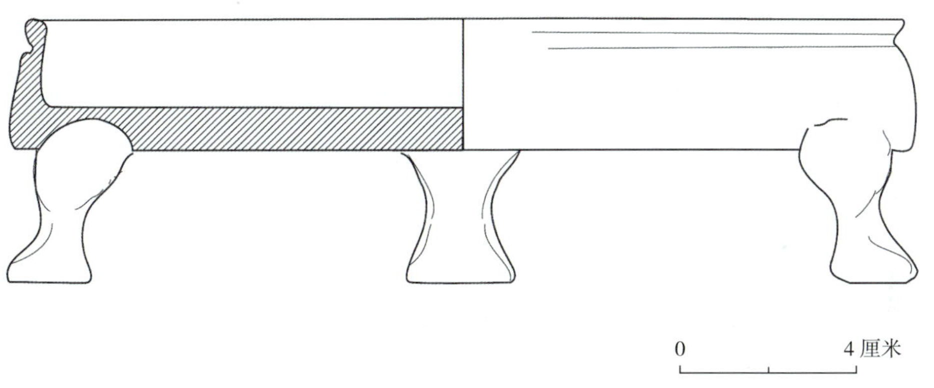

器　　名：陶三足盘

质　　地：泥质灰陶

保存状况：完整

器形纹饰：素面，口沿下有一道凹弦纹，盘面平坦，下为三蹄足

尺　　寸：口径19.6厘米，底径16厘米，高6厘米

小 件 号：NDWM1:065

器物登记号：75-604

藏品登录号：8047

图版十二　陶三足盘2

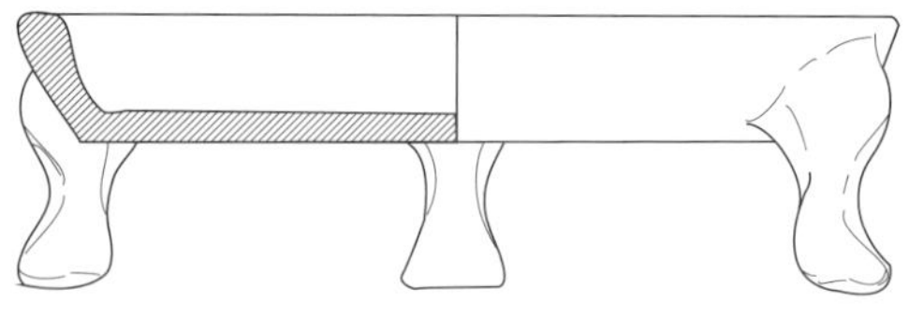

器　　名：陶三足盘

质　　地：泥质灰陶

保存状况：残，经修复

器形纹饰：素面

尺　　寸：口径18厘米，底径16厘米，高5.6厘米

藏品登录号：8047-1

图版十三　陶三足盘3

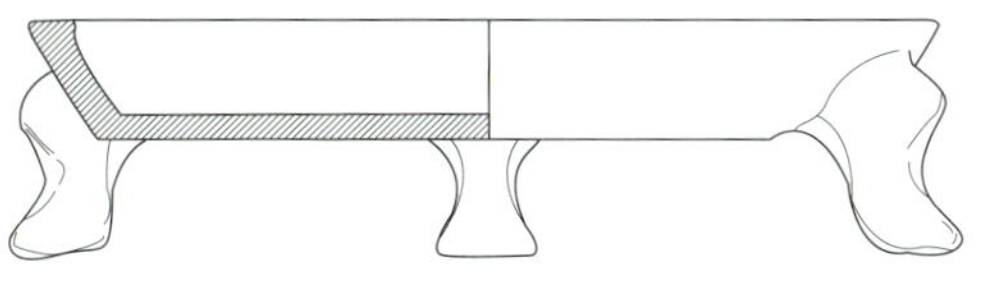

器　　名：陶三足盘

质　　地：泥质灰陶

保存状况：残，经修复

器形纹饰：素面

尺　　寸：口径17.4厘米，底径15.6厘米，高5.8厘米

藏品登录号：8047-2

图版十六　陶耳杯1

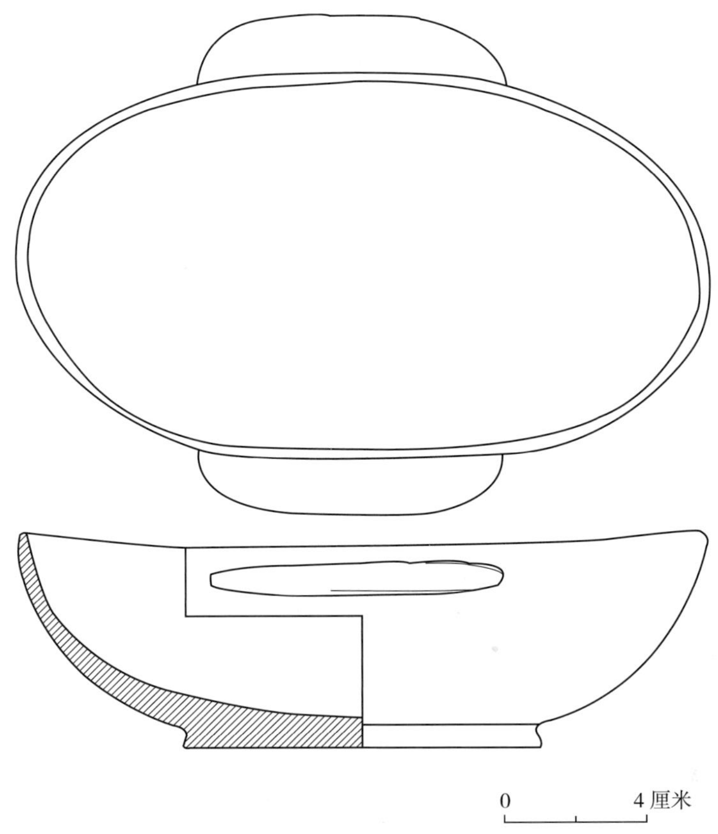

器　　名：陶耳杯

质　　地：泥质灰陶

保存状况：完整

器形纹饰：素面，椭圆形，口沿外侧各附一半月形耳

尺　　寸：长19.2厘米，连耳宽13.5厘米，器口宽10.8厘米，高6厘米

小 件 号：NDWM1:097

器物登记号：75-607

藏品登录号：8050

图版十七　陶耳杯2

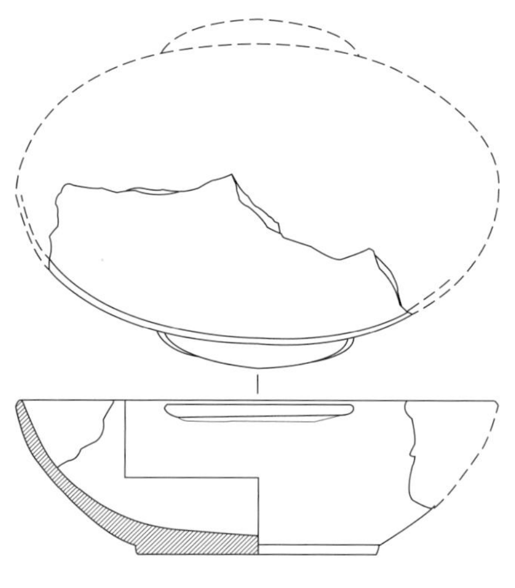

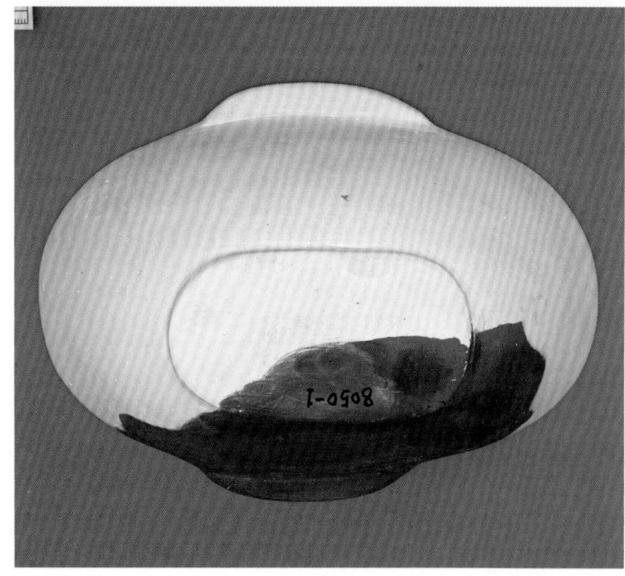

器　　名：陶耳杯

质　　地：泥质灰陶

保存状况：残，经修复

器形纹饰：素面

尺　　寸：修复后长18.4厘米，宽13.8厘米，残高6.2厘米

藏品登录号：8050-1

图版十八　陶耳杯3

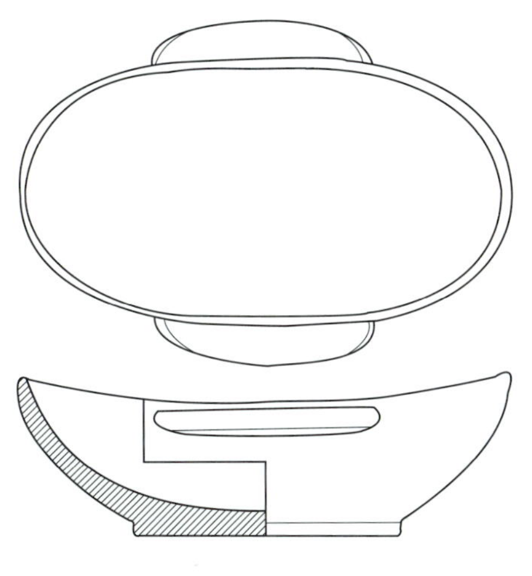

器　　名：陶耳杯

质　　地：泥质灰陶

保存状况：残，经修复

器形纹饰：素面

尺　　寸：修复后长20厘米，连耳宽13.5厘米，器口宽10.6厘米，高6.6厘米

器物登记号：75-608

藏品登录号：8051

图版十九　陶耳杯4

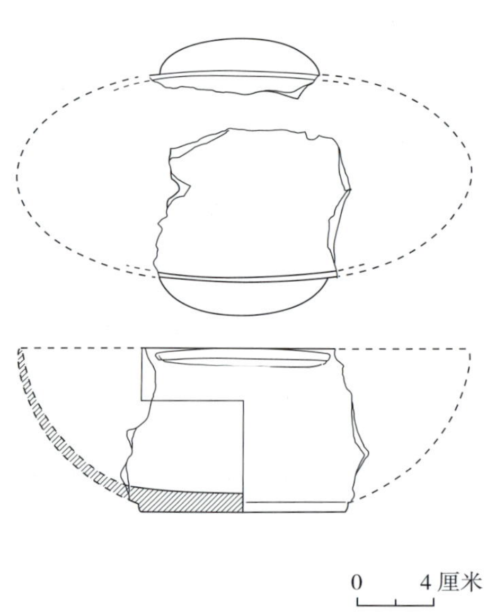

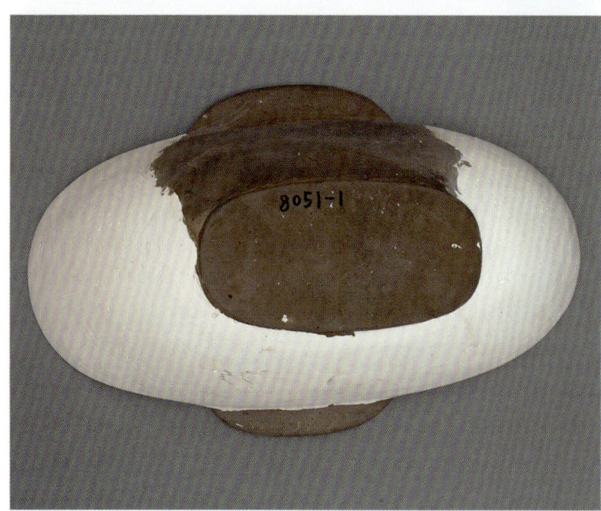

器　　名：陶耳杯

质　　地：泥质灰陶

保存状况：残，经修复

器形纹饰：素面

尺　　寸：修复后长23.7厘米，宽14.8厘米，高8.8厘米

藏品登录号：8051-1

图版二十　陶唾壶

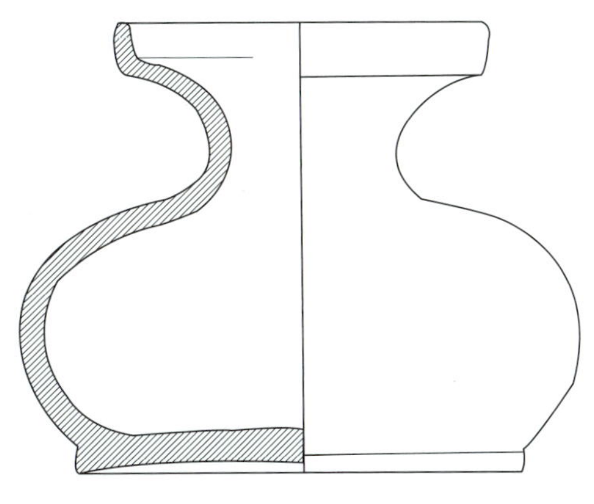

器　　名：陶唾壶

质　　地：泥质灰陶

保存状况：残，经修复

器形纹饰：素面，局部有黑色陶衣；浅盘口，扁鼓腹，平底微内凹

尺　　寸：口径8.6厘米，最大腹径13厘米，底径11厘米，高10.4厘米

器物登记号：75-611

藏品登录号：8054

图版二十一　陶卧羊座

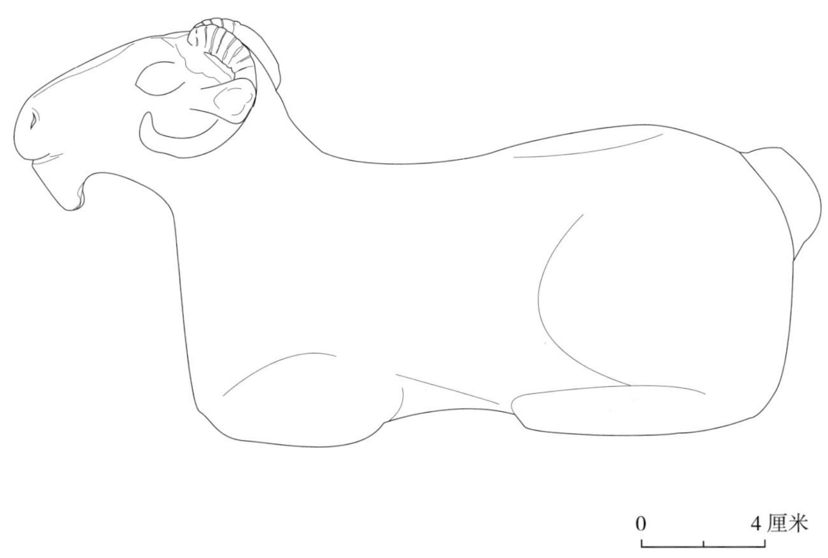

器　　名：陶卧羊座

质　　地：泥质灰陶

保存状况：完整

器形纹饰：素面；羊体中空，呈伏卧状，昂首短颈，双目圆睁，双角弯曲盘于耳后，胡须悬垂，身体肥硕，背部丰满，臀部贴饰短尾，四肢匍匐；卧羊头顶正中有圆孔

尺　　寸：长26厘米，宽7.6厘米，高13厘米

小 件 号：NDWM1:137

器物登记号：75-612

藏品登录号：8055

图版二十二　陶卧龙、卧虎座

器　　名：陶卧龙、卧虎座

质　　地：陶

保存状况：残损严重，仅余残件2件

器形纹饰：龙、虎

尺　　寸：残长8.5厘米

藏品登录号：8103-9

图版二十三　陶制品组合

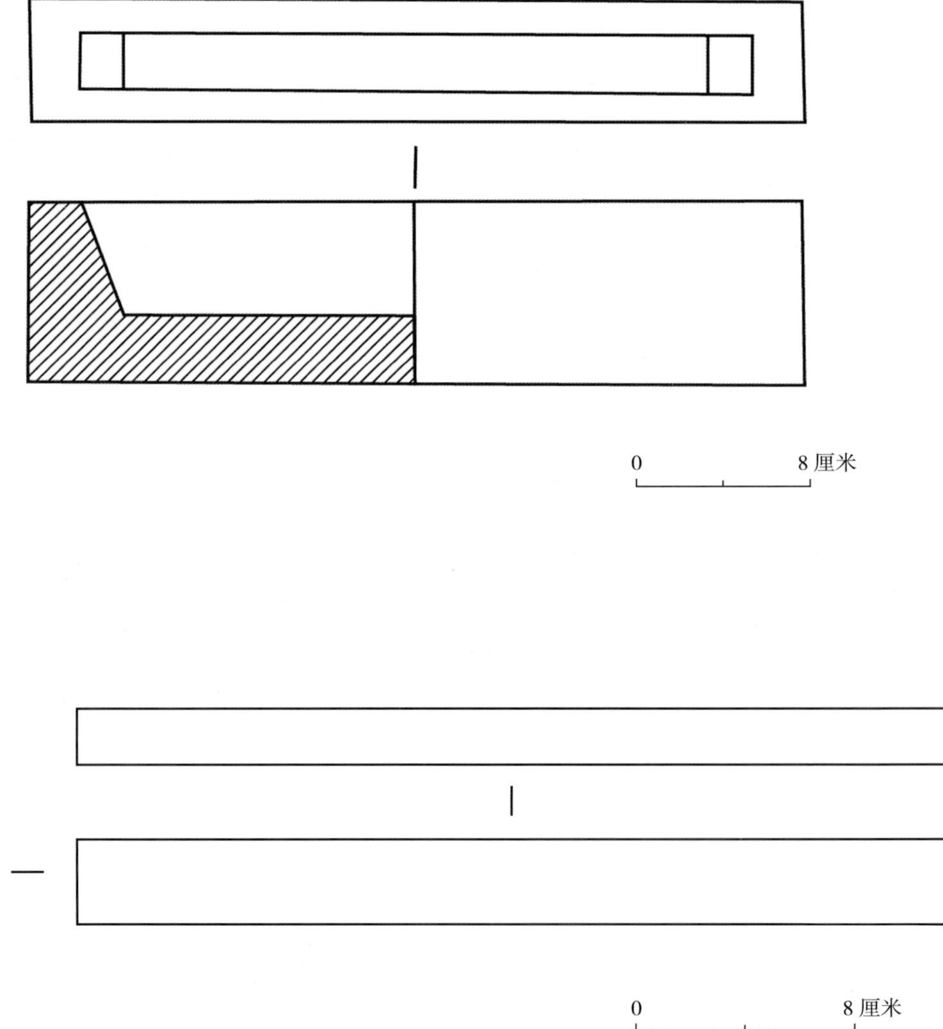
0
8 厘米
0
8 厘米

器　　名：带凹槽陶器1
质　　地：泥质灰陶
保存状况：残，经修复
器形纹饰：素面，长边一侧开有长条形凹槽
尺　　寸：长35.8厘米，宽7.6厘米，
　　　　　厚6厘米，槽宽2.5厘米
器物登记号：75-613
藏品登录号：8056

器　　名：带凹槽陶器2
质　　地：泥质灰陶
保存状况：残，经修复
器形纹饰：素面，长边一侧开有长条形凹槽
尺　　寸：长35.5厘米，宽5.5厘米，
　　　　　厚8.2厘米，槽宽2.5厘米
器物登记号：75-614
藏品登录号：8057

器　　名：带凹槽陶器3
质　　地：泥质灰陶
保存状况：残，经修复
器形纹饰：素面
尺　　寸：长36.3厘米，宽5.4厘米
藏品登录号：8057-3

器　　名：长方形陶棒1
质　　地：泥质灰陶
保存状况：完整
器形纹饰：素面
尺　　寸：长32.5厘米，宽3.2厘米，
　　　　　高2.2厘米
藏品登录号：8056-1

器　　名：长方形陶棒2
质　　地：泥质灰陶
保存状况：完整
器形纹饰：素面
尺　　寸：长33厘米，宽3.4厘米，
　　　　　高2.2厘米
藏品登录号：8057-1

器　　名：长方形陶棒3
质　　地：泥质灰陶
保存状况：残，经修复
器形纹饰：素面
尺　　寸：长32.5厘米，宽3.2厘米，
　　　　　高2.4厘米
藏品登录号：8057-2

图版二十四　陶俑1

器　　名：陶俑

质　　地：泥质灰陶

保存状况：残，仅存头部及上半身

器形纹饰：素面；头戴平上帻，簪导，面含笑意，曲领窄袖

尺　　寸：残高26厘米

器物登记号：75-615

藏品登录号：8058

图版二十五　陶俑2

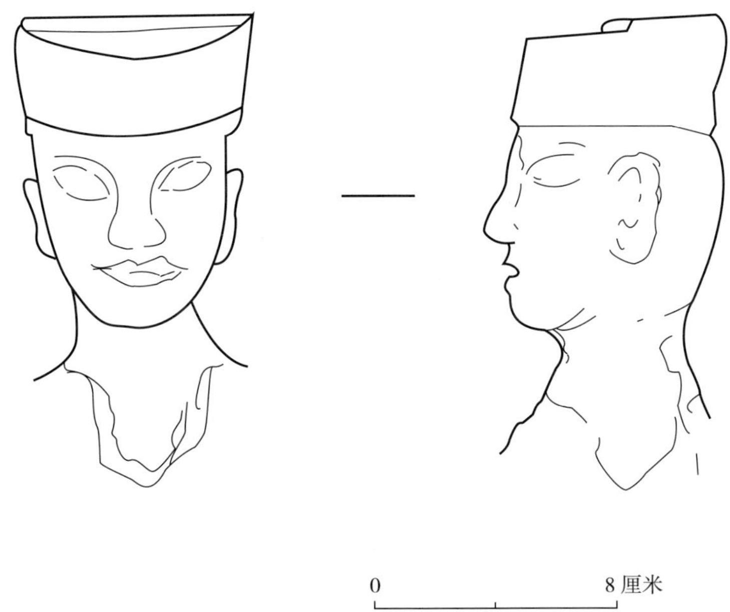

器　　名：陶俑

质　　地：泥质灰陶

保存状况：残，仅存头部

器形纹饰：素面；头戴平上帻，簪导，面含笑意

尺　　寸：残高14.8厘米

器物登记号：75-616

藏品登录号：8059

图版二十六　无法修复的陶器残件

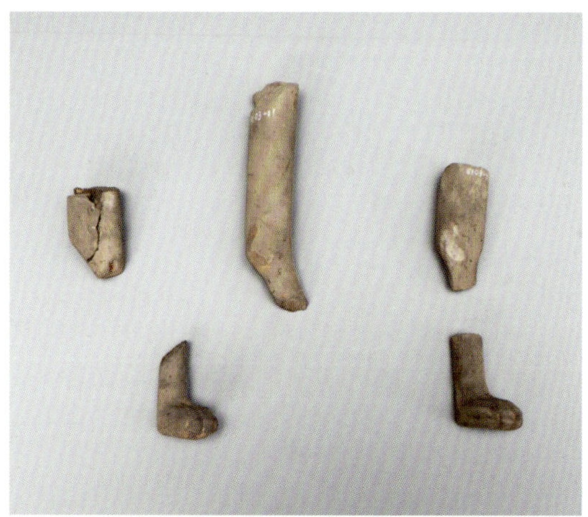

8103-8
8103-8
8103-8

图版二十七　青瓷鸡首壶1

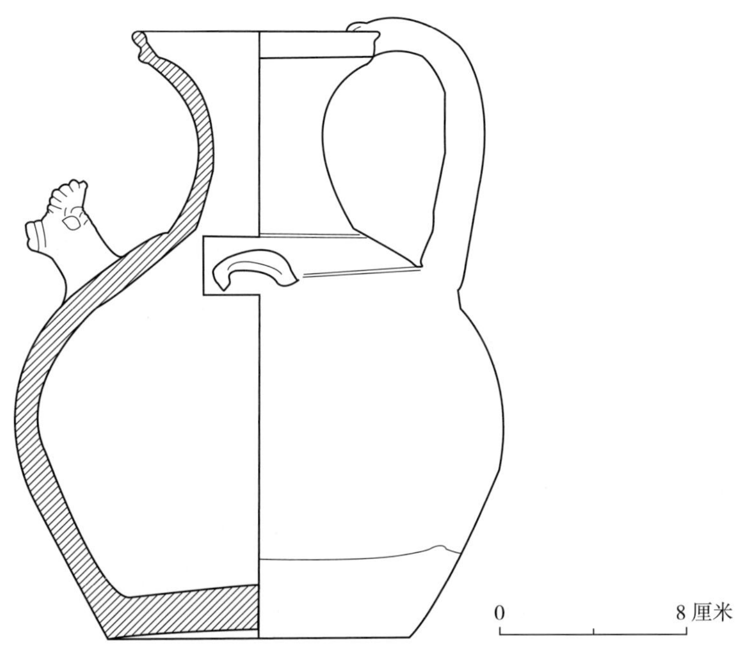

器　　名：青瓷鸡首壶

质　　地：瓷

保存状况：完整

器形纹饰：素面，釉色青黄，施釉不及底；双横系，肩、颈部各有一道凹弦纹

尺　　寸：口径10厘米，最大腹径20.5厘米，底径12.8厘米，高26厘米

小 件 号：NDWM1:001

器物登记号：75-617

藏品登录号：8060

图版二十八　青瓷鸡首壶2

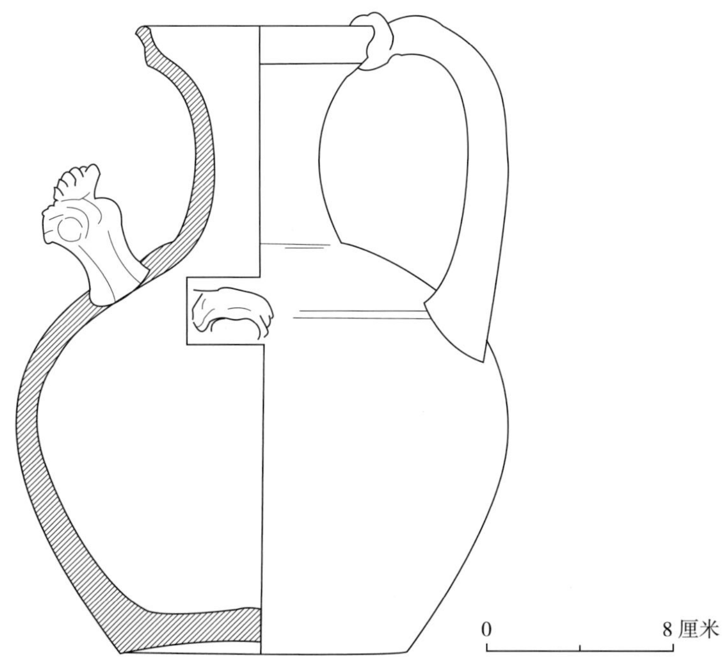

器　　名：青瓷鸡首壶

质　　地：瓷

保存状况：经修复后完整

器形纹饰：素面，双横系，釉色青绿，施釉不及底

尺　　寸：口径10.6厘米，最大腹径20.4厘米，底径12.4厘米，高26.8厘米

小 件 号：NDWM1:098

器物登记号：75-618

藏品登录号：8061

图版二十九　青瓷盘口壶1

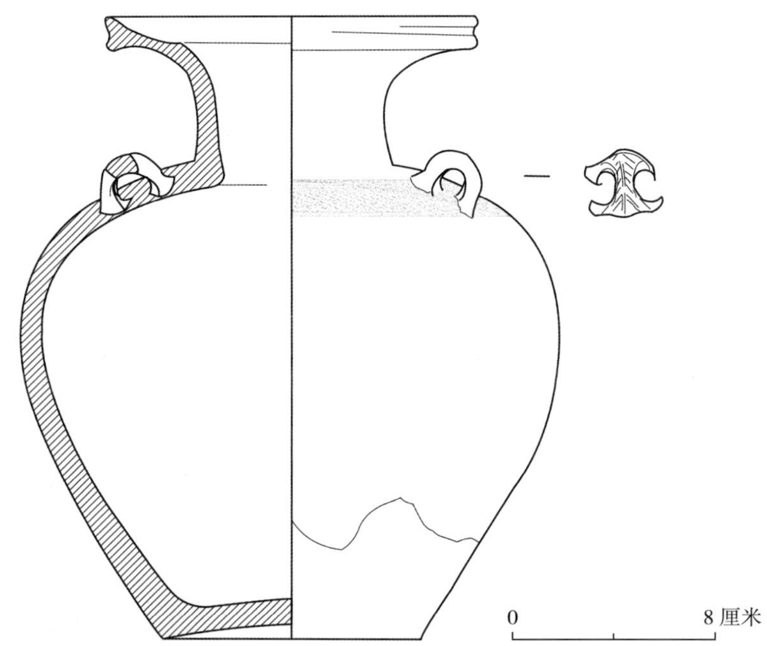

器　　名：青瓷盘口壶

质　　地：瓷

保存状况：修复后基本完整

器形纹饰：青釉，釉色泛黄，施釉不及底，釉层较薄，脱釉严重，漏胎处呈红褐色；浅盘口，直颈，圆肩，鼓腹，平底微内凹；双竖系，系上饰叶脉纹，肩部饰一圈网格纹带

尺　　寸：口径14.6厘米，最大腹径21厘米，底径10厘米，高24.4厘米

小 件 号：NDWM1:017

器物登记号：75-619

藏品登录号：8062

图版三十　青瓷盘口壶2

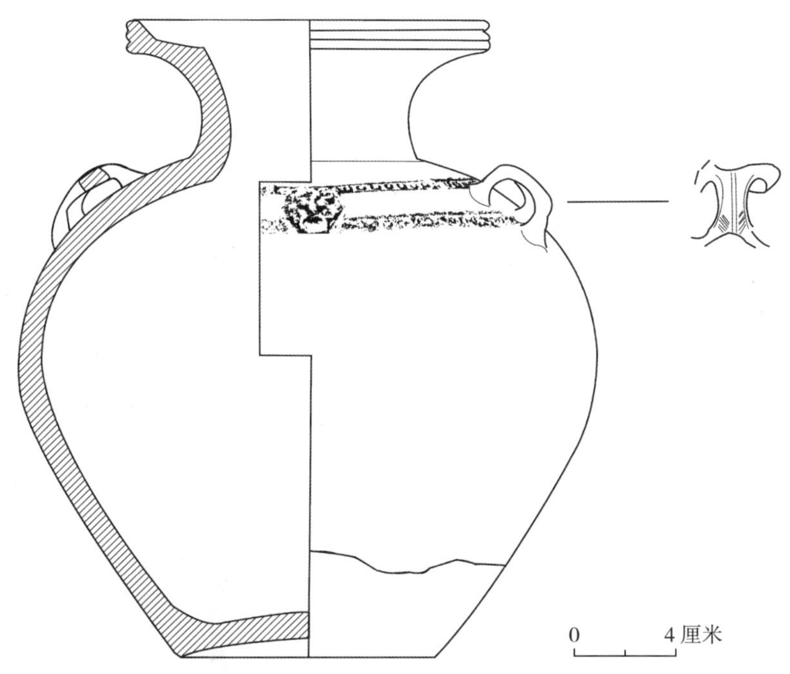

器　　名：青瓷盘口壶

质　　地：瓷

保存状况：完整

器形纹饰：青釉，釉色青中泛黄，施釉不及底，釉层较薄，漏胎处呈红褐色；浅盘口，束颈，圆肩，圆腹下收，平底微内凹；肩部饰两组凹弦纹，每组弦纹之间饰联珠纹，略下的一道压印不明显；两组弦纹、联珠纹带间贴饰双耳及铺首各一对

尺　　寸：口径14厘米，最大腹径21厘米，底径10厘米，高25.2厘米

小 件 号：NDWM1:052

器物登记号：75-620

藏品登录号：8063

图版三十一　青瓷褐斑点彩四系壶

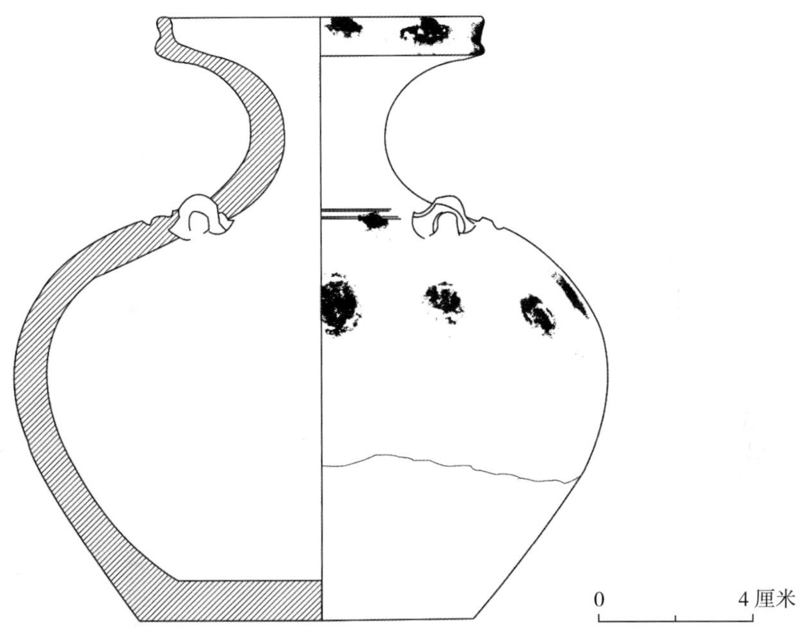

器　　名：青瓷褐斑点彩四系壶

质　　地：瓷

保存状况：完整

器形纹饰：青釉，釉色青黄，有细小开片，施釉不及底，釉层较薄，漏胎处呈红褐色；浅盘口，束颈，溜肩，弧腹下收，平底；肩部饰有两周凹弦纹，四横系，口沿、盘口及肩颈、上腹部饰有多处褐斑点彩

尺　　寸：口径8.5厘米，最大腹径14.8厘米，底径8.4厘米，高15.6厘米

小 件 号：NDWM1:016

器物登记号：75-621

藏品登录号：8064

图版三十二　青瓷四系盖罐

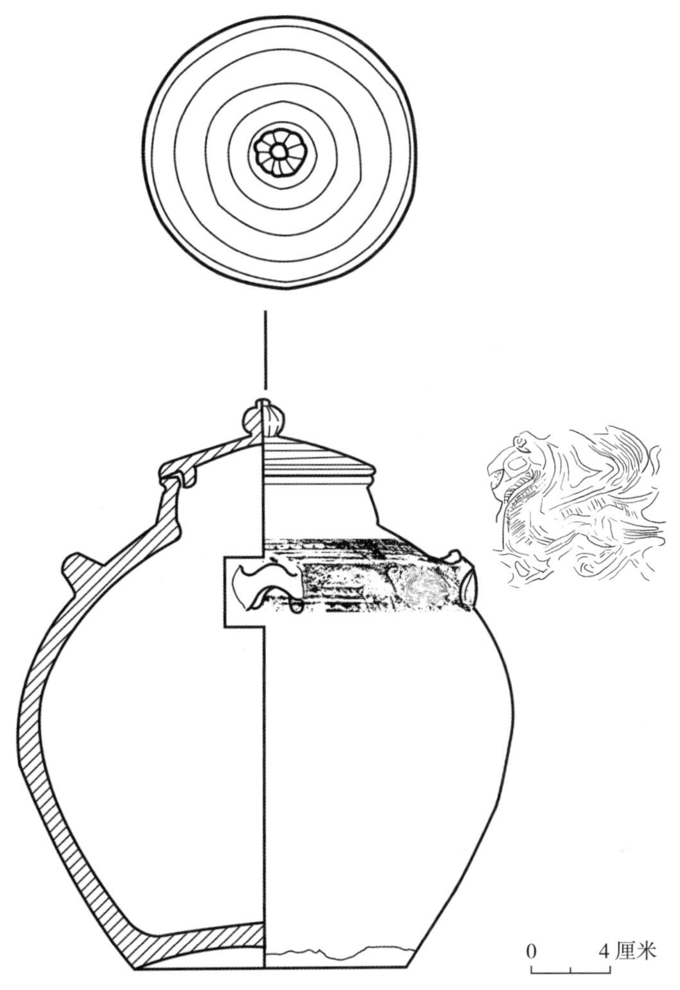

器　　名：青瓷四系盖罐

质　　地：瓷

保存状况：修复后完整

器形纹饰：釉色青黄，施釉不及底；盖钮呈瓜棱状，周饰五道同心凹弦纹；罐肩部饰联珠纹、凹弦纹、网格纹组合成的带状纹，贴塑四兽，四横系

尺　　寸：口径11.4厘米，最大腹径24厘米，底径13.2厘米，通高28.6厘米

小 件 号：NDWM1:005（罐），NDWM1:066（盖）

器物登记号：75-622A（罐），75-622B（盖）

藏品登录号：8065A（罐），8065B（盖）

图版三十三　青瓷六系罐

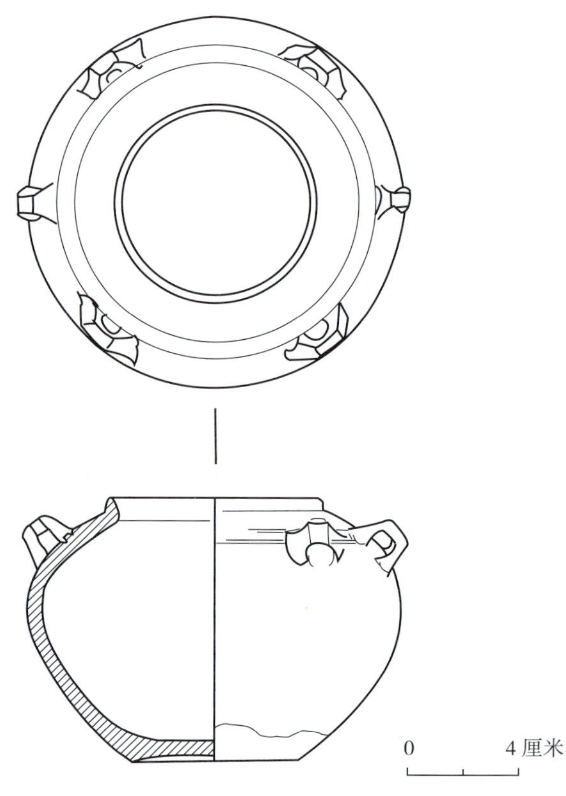

器　　名：青瓷六系罐

质　　地：瓷

保存状况：修复后完整

器形纹饰：青釉，釉色黄中泛青，内部施满釉，外釉及底，密布细小开片，平底内凹，器底有涂痕；肩部饰两道弦纹，附六桥形系，四横二竖

尺　　寸：口径7.8厘米，最大腹径13.4厘米，底径6厘米，高9.4厘米

小 件 号：NDWM1:142

器物登记号：75-623

藏品登录号：8066

图版三十四　青瓷盘1

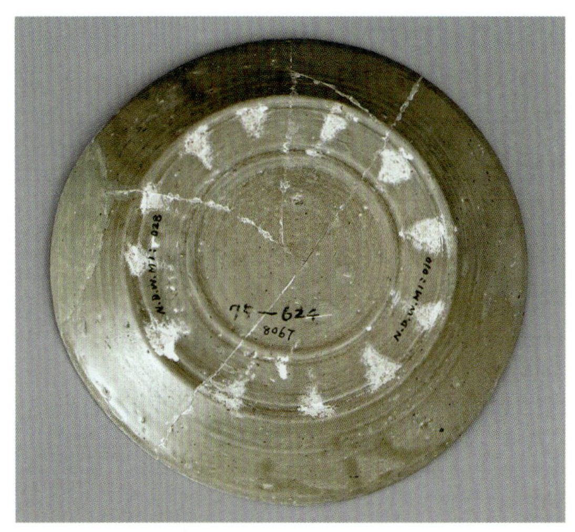

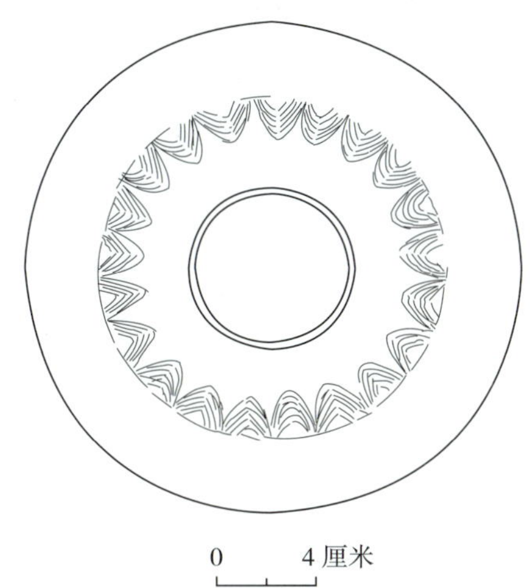

0　4厘米

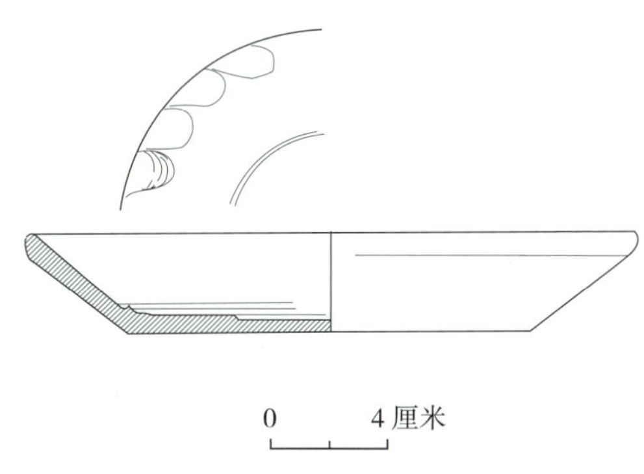

0　4厘米

器　　名：青瓷盘

质　　地：瓷

保存状况：修复后完整

器形纹饰：内外通体施釉，釉色青绿；盘内饰两道弦纹，弦纹间饰一圈连波纹；盘底支烧痕迹明显

尺　　寸：口径20.8厘米，底径13.8厘米，高3.4厘米

小 件 号：NDWM1:010、NDWM1:028

器物登记号：75-624

藏品登录号：8067

图版三十五　青瓷盘2

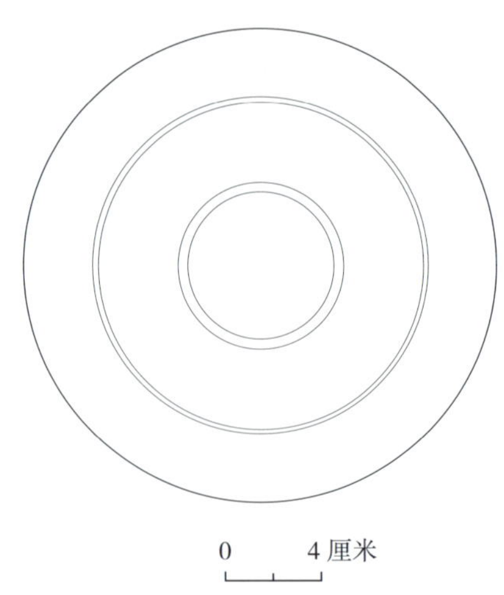

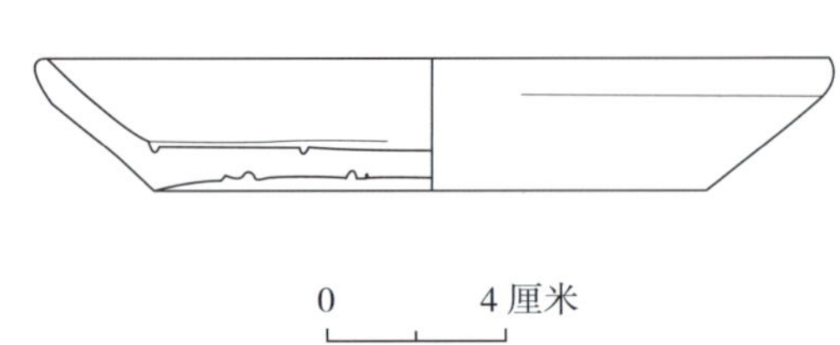

器　　名：青瓷盘

质　　地：瓷

保存状况：修复后完整

器形纹饰：内外通体施釉，釉色青绿；盘内饰一道凹弦纹，外饰四组凹弦纹；盘底支烧痕迹明显

尺　　寸：口径21.5厘米，底径14.5厘米，高3厘米

小 件 号：NDWM1:115、NDWM1:132

器物登记号：75-625

藏品登录号：8068

图版三十六　青瓷盘3

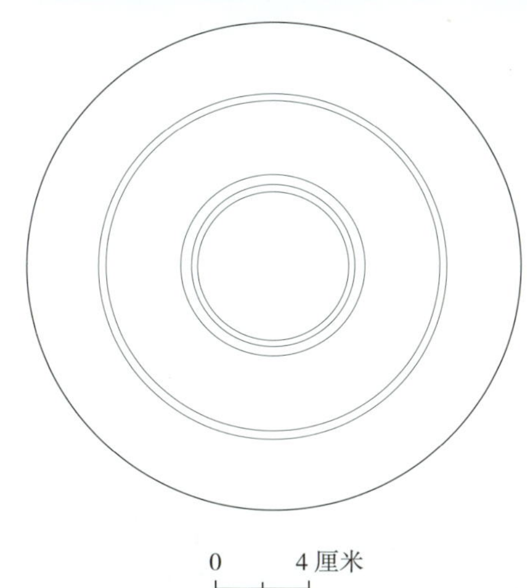

0　4厘米

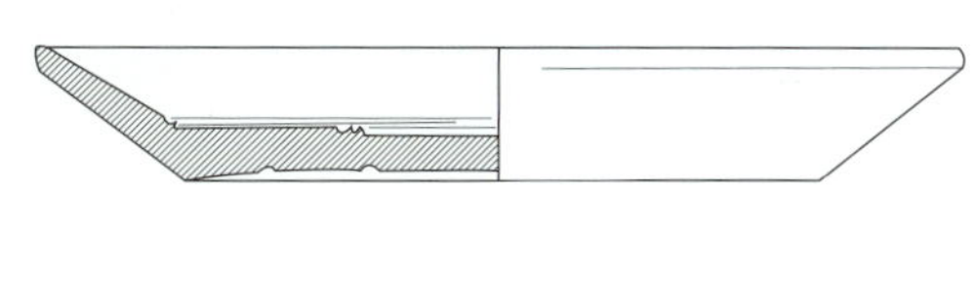

0　4厘米

器　　名：青瓷盘

质　　地：瓷

保存状况：完整

器形纹饰：内外通体施釉，釉色青绿；盘内饰两组凹弦纹，外饰四组凹弦纹；盘底支烧痕迹明显

尺　　寸：口径21.5厘米，底径14.2厘米，高3厘米

小 件 号：NDWM1:138

器物登记号：75-626

藏品登录号：8069

图版三十七　青瓷耳杯1

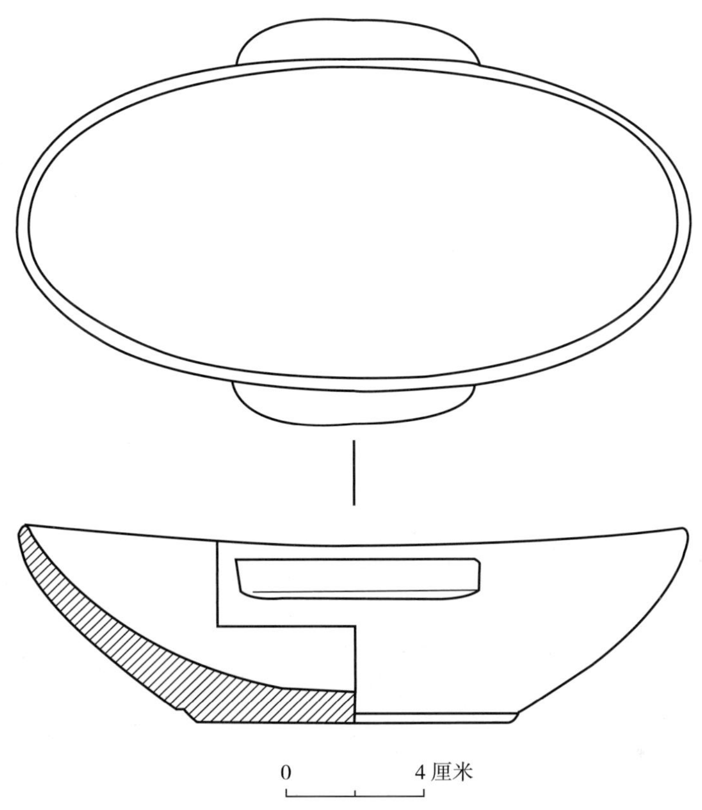

器　　名：青瓷耳杯

质　　地：瓷

保存状况：修复后完整

器形纹饰：素面，通体施釉；椭圆形，耳杯两头微微上翘，两侧附月牙形耳

尺　　寸：长19.6厘米，连耳宽12厘米，高5.8厘米，底径9.2厘米

小 件 号：NDWM1:027

器物登记号：75-627

藏品登录号：8070A

图版三十八　青瓷耳杯2

器　　名：青瓷耳杯

质　　地：瓷

保存状况：完整

器形纹饰：素面，通体施釉；椭圆形，两侧附月牙形耳

尺　　寸：长8厘米，连耳宽5.4厘米，高2.6厘米

小 件 号：NDWM1:128

器物登记号：75-627

藏品登录号：8070B1

图版三十九　青瓷耳杯3

器　　名：青瓷耳杯

质　　地：瓷

保存状况：断裂，经修复后完整

器形纹饰：素面，通体施釉

尺　　寸：长8.2厘米，连耳宽6厘米，高2.5厘米

小 件 号：NDWM1:114

器物登记号：75-627

藏品登录号：8070B2

图版四十　青瓷洗1

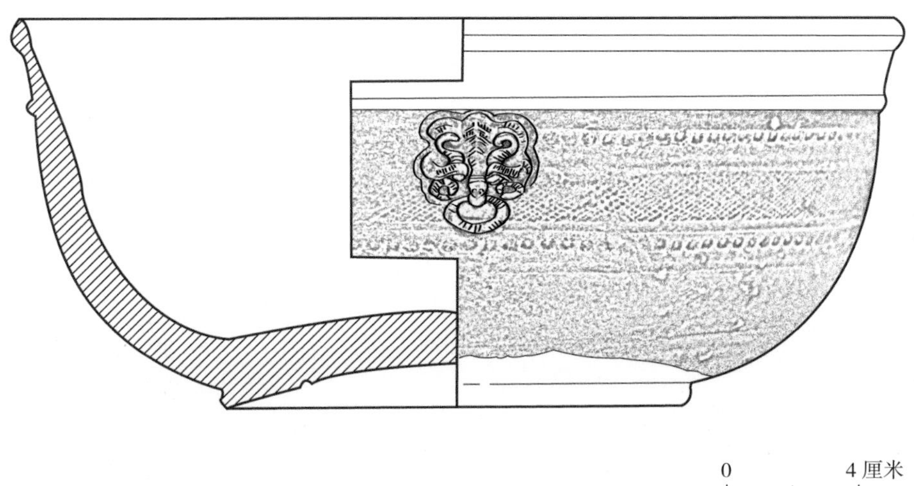

器　　名：青瓷洗

质　　地：瓷

保存状况：完整

器形纹饰：釉色青黄，内施满釉，外釉基本及底；口沿下饰两道弦纹，腹部压印两周联珠纹，其间夹饰一周网格纹，贴塑三铺首

尺　　寸：口径26.6厘米，底径13.4厘米，高11.6厘米

小 件 号：NDWM1:104

器物登记号：75-628

藏品登录号：8071

图版四十一　青瓷洗2

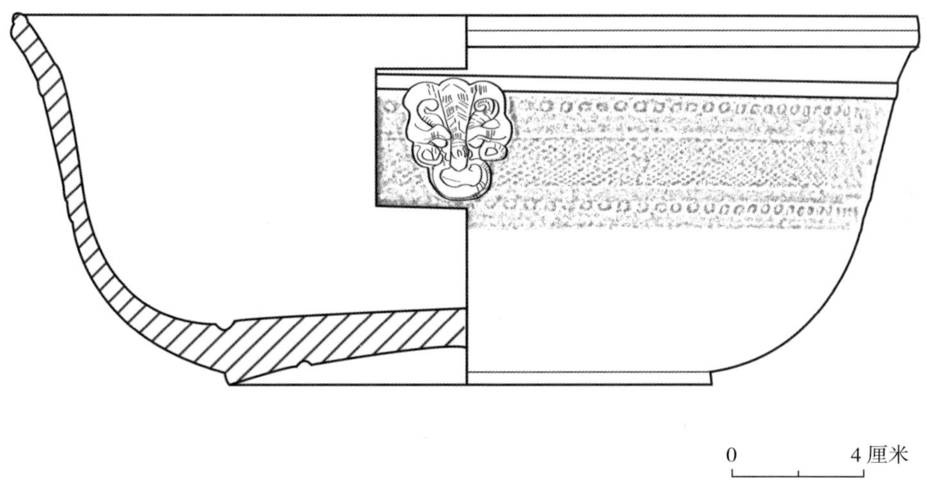

0 4厘米

器　　名：青瓷洗

质　　地：瓷

保存状况：完整

器形纹饰：釉色青黄，内外满釉；口沿下饰两道弦纹，腹部压印两周联珠纹，其间夹饰一周网格纹，贴塑三铺首

尺　　寸：口径26.6厘米，底径14.6厘米，高11厘米

小 件 号：NDWM1:130

器物登记号：75-629

藏品登录号：8072

图版四十二　青瓷勺1

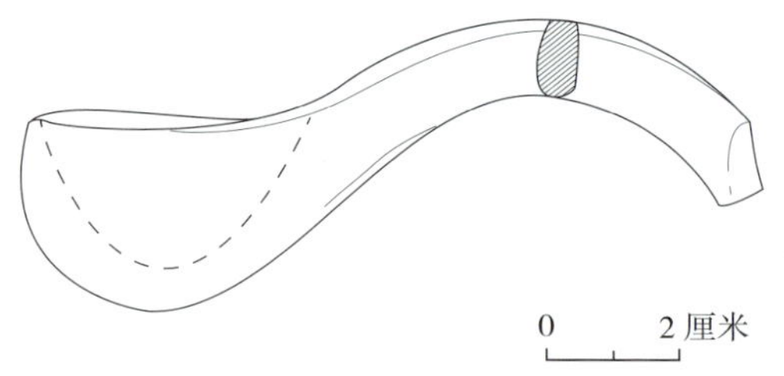

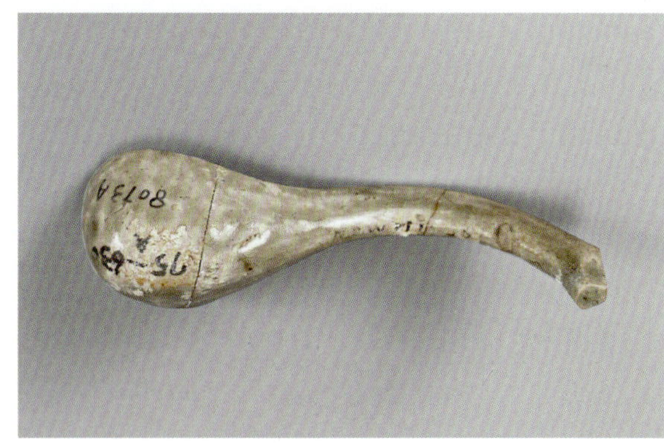

器　　名：青瓷勺

质　　地：瓷

保存状况：断裂，修复后完整

器形纹饰：素面，通体施青釉

尺　　寸：长11.1厘米，高3.3厘米

器物登记号：75-630

藏品登录号：8073A

图版四十三　青瓷勺2

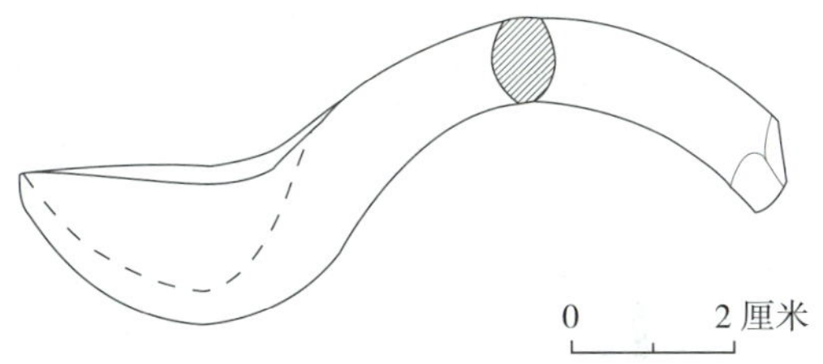

器　　名：青瓷勺

质　　地：瓷

保存状况：断裂，修复后完整

器形纹饰：素面，通体施青釉

尺　　寸：长9.3厘米，高3厘米

器物登记号：75-630

藏品登录号：8073B

图版四十四　青瓷灯1

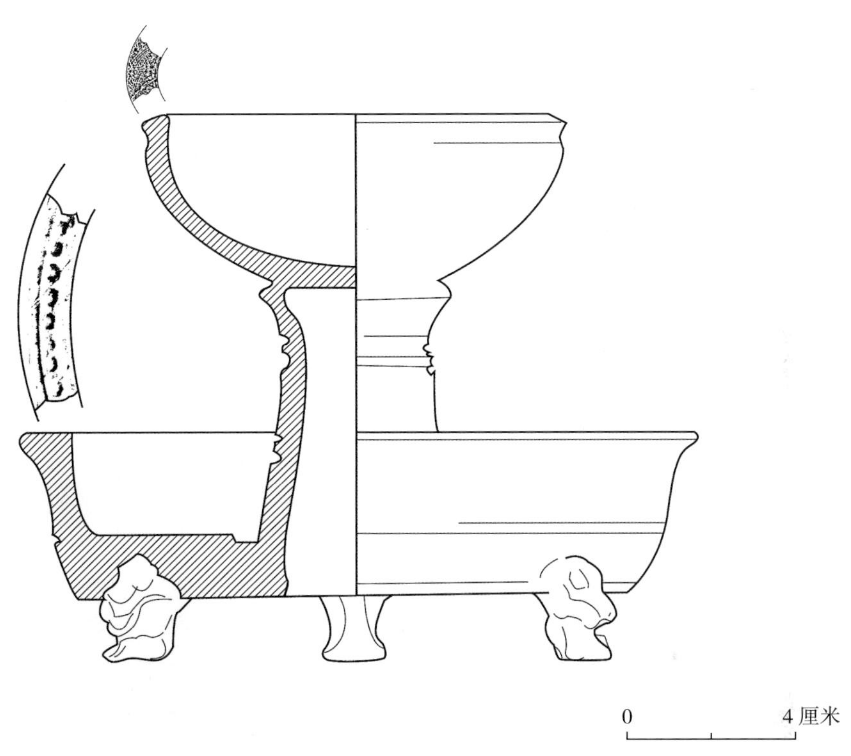

器　　名：青瓷灯

质　　地：瓷

保存状况：残碎，修复后完整

器形纹饰：除承盘底部外均施釉，釉色青绿；由灯盏、灯柱、三足承盘灯座组成；灯盏口沿外侧饰一周凹弦纹，灯盏、灯柱、承盘亦饰多组弦纹；承盘口沿压印一圈联珠纹，盘内饰一周网格纹；灯柱中空，承盘平底

尺　　寸：盏口径9.8厘米，承盘口径16厘米，高13厘米

小 件 号：NDWM1:124

器物登记号：75-634

藏品登录号：8077

图版四十五　青瓷灯2

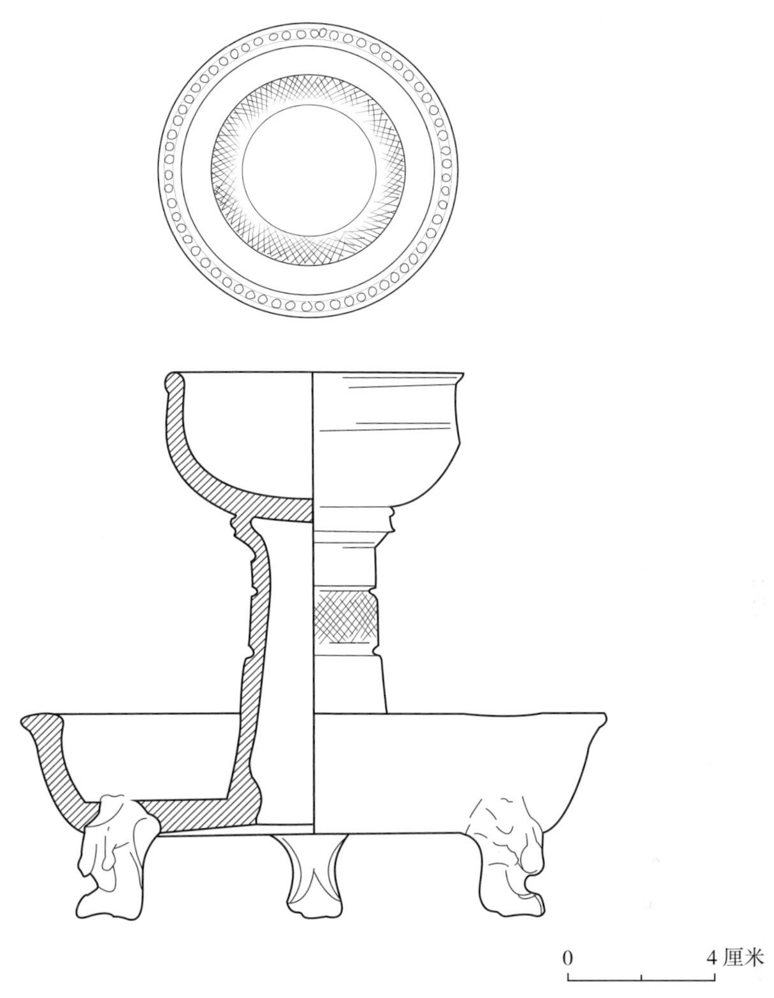

器　　名：青瓷灯

质　　地：瓷

保存状况：完整

器形纹饰：除承盘底部外均施釉，釉色青绿；由灯盏、灯柱、三足承盘灯座组成；灯柱中空，承盘平底内凹；灯盏口沿外侧饰一周凹弦纹，腹部饰二道弦纹；灯盏、灯柱、承盘内均饰一周网格纹带；承盘口沿压印一圈联珠纹

尺　　寸：盏口径8.6厘米，承盘口径16.2厘米，高13.6厘米

小 件 号：NDWM1:113

器物登记号：75-635

藏品登录号：8078

图版四十六　青瓷灯3

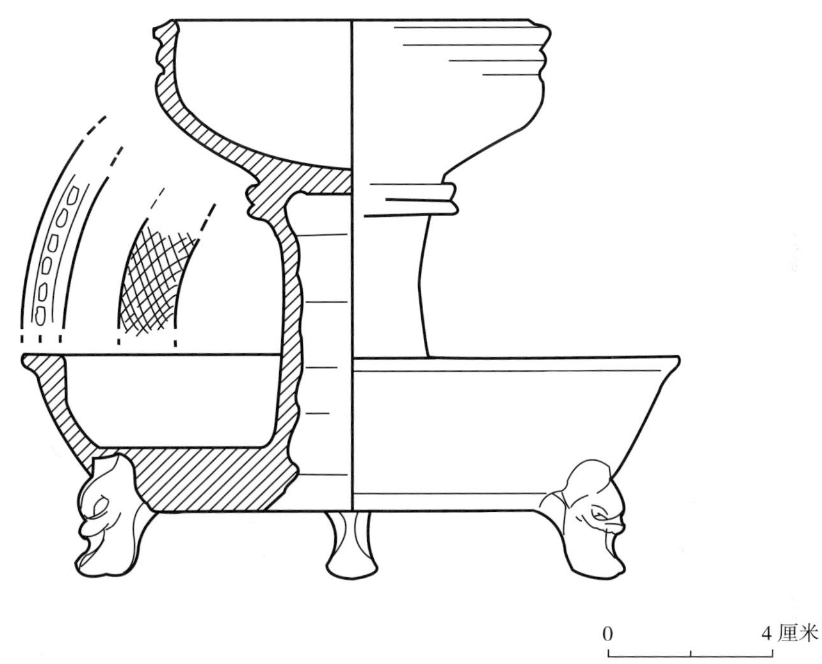

器　　名：青瓷灯

质　　地：瓷

保存状况：残损，修复后完整

器形纹饰：除承盘底部外均施釉，釉色青绿；由灯盏、灯柱、三足承盘灯座组成；灯柱中空，承盘平底；灯盏、灯柱、承盘均饰多组弦纹；承盘口沿压印一圈联珠纹，盘内饰一周网格纹带

尺　　寸：盏口径9.6厘米，承盘口径16.2厘米，高13.6厘米

小 件 号：NDWM1:109

器物登记号：75-636

藏品登录号：8079

图版四十七　青瓷狮形插器

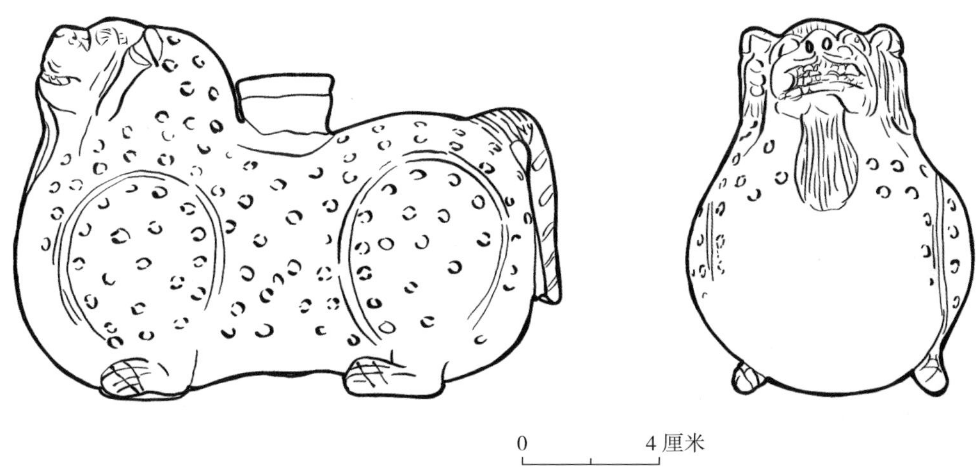

器　　名：青瓷狮形插器

质　　地：瓷

保存状况：完整

器形纹饰：除器底外通体施釉，釉色青绿；器身满布压印圈点纹，面部、耳部、四蹄、尾部纹饰均为刻划而成

尺　　寸：长16厘米，身宽7.4~8.4厘米，头部高11.2厘米，尾部高8.5厘米

小 件 号：NDWM1:125

器物登记号：75-637

藏品登录号：8080

图版四十八 青瓷碗1

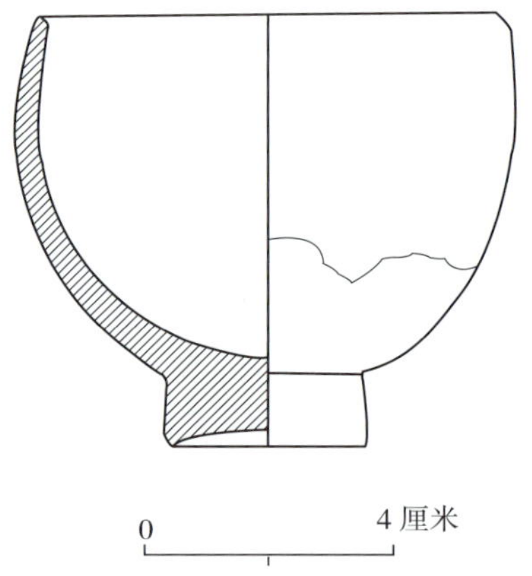

器　　名：青瓷碗

质　　地：瓷

保存状况：残，经修复

器形纹饰：素面，青釉，釉色青中泛黄，有细小开片，施釉不及底；直口，深腹，饼足，足平底内凹

尺　　寸：口径7.8厘米，底径3.2厘米，高6厘米

小 件 号：NDWM1:119

器物登录号：75-609

藏品登录号：8052

图版四十九　青瓷碗2

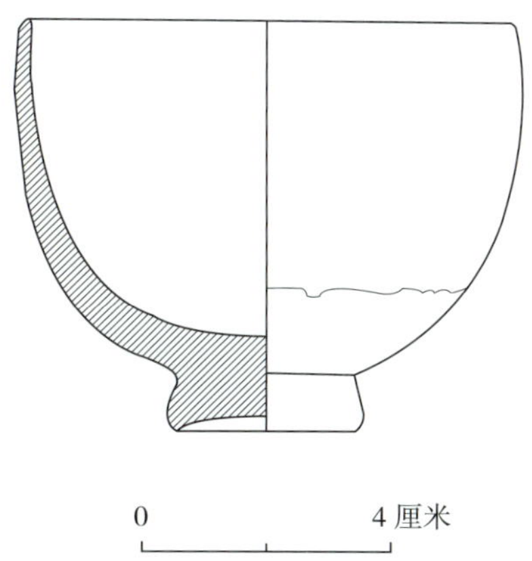

器　　名：青瓷碗

质　　地：瓷

保存状况：残，经修复

器形纹饰：素面，青釉，釉色青中泛黄，有细小开片，施釉不及底；直口，深腹，饼足，足平底内凹

尺　　寸：口径8厘米，底径2.8厘米，高5.8厘米

小 件 号：NDWM1:135

器物登录号：75-610

藏品登录号：8053

图版五十　青瓷碗3

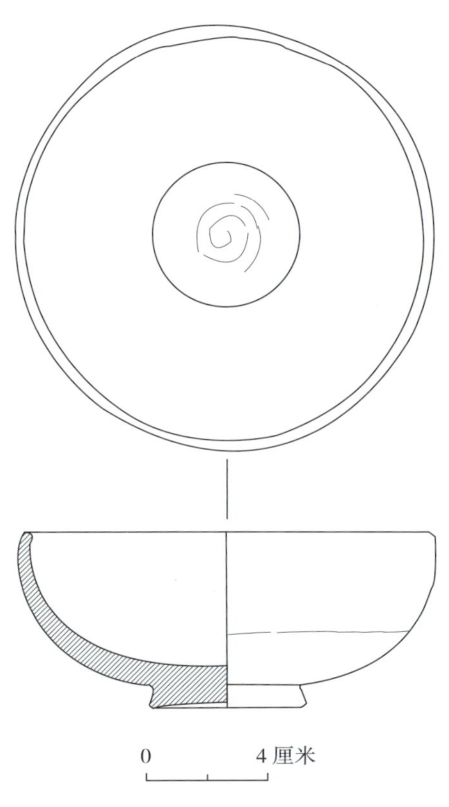

器　　名：青瓷碗

质　　地：瓷

保存状况：残碎，修复后完整

器形纹饰：内外施釉，均不及底，釉层脱落严重；素面，口沿外侧饰一道弦纹；口部微敛，弧腹，饼足，足平底内凹

尺　　寸：口径13.6厘米，底径5厘米，高6厘米

小 件 号：NDWM1:015

器物登记号：75-631

藏品登录号：8074

图版五十一　青瓷四系瓶

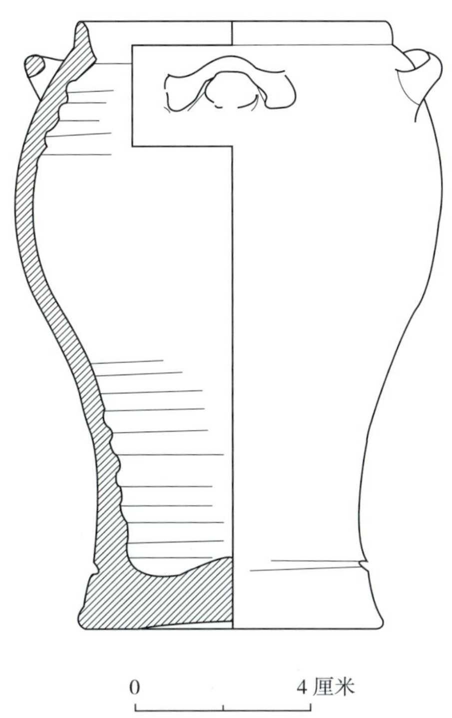

器　　名：青瓷四系瓶

质　　地：瓷

保存状况：残碎，修复后完整

器形纹饰：素面，釉层全部脱落，胎色灰白；直口，尖唇，肩部鼓出，附四横耳，下腹内收，近底部始外撇，平底内凹

尺　　寸：口径7.2厘米，底径7.5厘米，高15厘米

小 件 号：NDWM1:033

器物登记号：75-633

藏品登录号：8076

图版五十二　镂金饰片1

器　　名：镂金饰片

质　　地：金

保存状况：完整，重5.2克

器形纹饰：山形，内饰镂空蝉纹；边缘及纹样主线条上饰连续的粟粒纹与金珠；背面四周内折边缘呈锯齿状，残留漆痕

尺　　寸：长4厘米，上宽3.9厘米，下宽3厘米

器物登记号：75-659

藏品登录号：8103

图版五十三　镂金饰片2

器　　名：镂金饰片

质　　地：金

保存状况：完整，重3.2克

器形纹饰：方形，内饰兽面，双目金珠缺失；边缘及纹样主线条上饰连续的粟粒纹；背面四周内折边缘呈锯齿状，残留漆痕

尺　　寸：长3.2厘米，宽3.1厘米

器物登记号：75-658

藏品登录号：8102

图版五十四　镂金饰片3

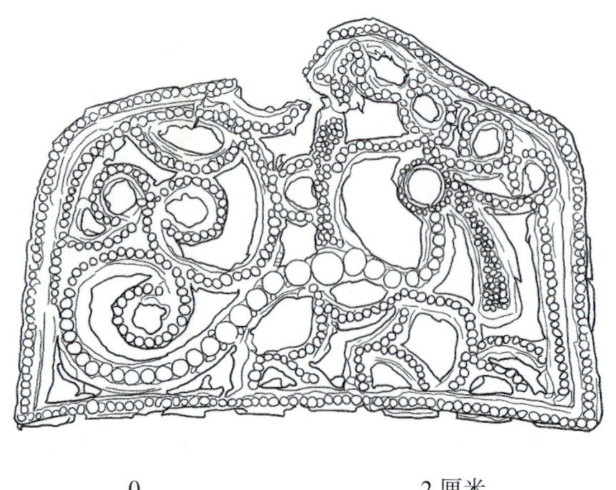

器　　名：镂金饰片

质　　地：金

保存状况：基本完整，顶部略残缺，重3.6克

器形纹饰：山形，内饰神人乘龙纹，目中金珠缺失；边缘及纹样主线条上饰连续的粟粒纹及金珠；背部四周内折边缘呈锯齿状，残留漆痕

尺　　寸：长3.9厘米，宽2.8厘米

器物登记号：75-661

藏品登录号：8100

图版五十五　镂金饰片4

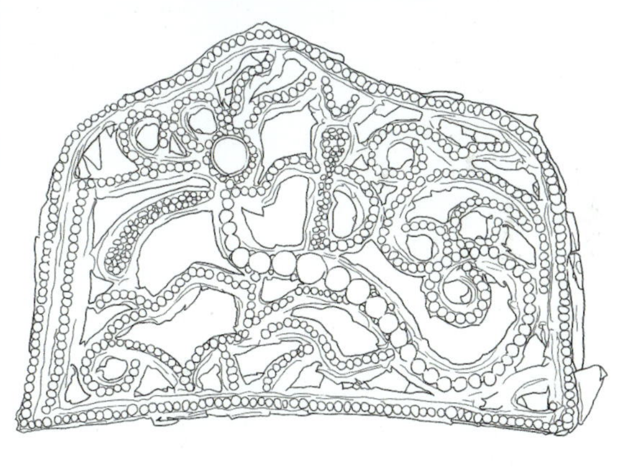

器　　名：镂金饰片

质　　地：金

保存状况：完整，重3.4克

器形纹饰：山形，内饰神人乘龙纹，目中金珠缺失；边缘及纹样主线条上饰连的续粟粒纹及金珠；背部四周内折边缘呈锯齿状，残留漆痕

尺　　寸：长4厘米，宽2.8厘米

器物登记号：75-657

藏品登录号：8101

图版五十六　长条形金饰片

器　　名：长条形金饰片

质　　地：金

保存状况：残损，现存5件，总重7克

器形纹饰：长条形，背面残留漆痕；4件相对完整者，长6.7厘米，宽0.3厘米，两端均有小孔，其中一个小孔内还保存有长0.9厘米的银合金钉；正面等距离留有镶嵌宝石类物品的圆形凹槽，所嵌宝石全失；1件残损严重，残长3厘米，仅留两处镶嵌宝石的圆形凹槽；金片一侧边缘及圆形凹槽周围饰粟粒纹

尺　　寸：长3~6.7厘米，宽0.3厘米

器物登记号：75-639

藏品登录号：8082

图版五十七　桃形金叶片

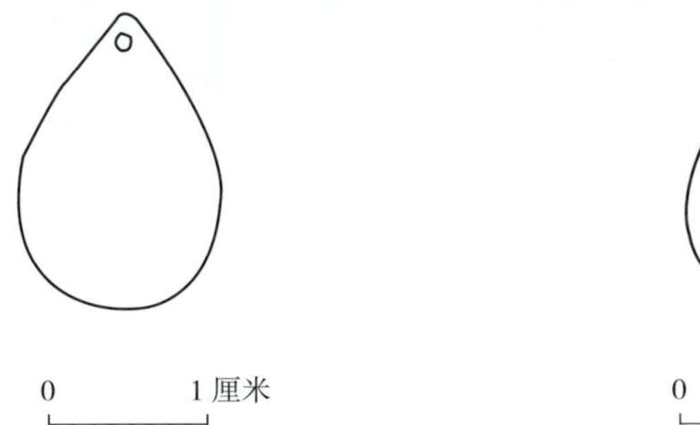

器　　名：桃形金叶片

质　　地：金

保存状况：完整，计32件，总重7克

器形纹饰：桃形，素面，尖头部有小孔

尺　　寸：规格有大小两种，大的长1.6厘米，宽1.3厘米，重0.23~0.3克不等；小的长1.3厘米，宽1厘米，重0.12克左右；厚均为0.3毫米

器物登记号：75-640

藏品登录号：8083

图版五十八　花瓣形金叶片

器　　名：花瓣形金叶片

质　　地：金

保存状况：9件完整，1件残损，总重4.1克

器形纹饰：六叶花瓣形，中心带穿孔，模制而成，规格基本相同

尺　　寸：直径约1.7厘米

器物登记号：75-641

藏品登录号：8084

图版五十九　圆形金饰片

器　　名：圆形金饰片

质　　地：金

保存状况：2片，保存完整，总重1.2克

器形纹饰：圆形，镂空四组变形鸟纹，边缘及纹样主线条上饰连续的粟粒纹

尺　　寸：直径1.5厘米

器物登记号：75-660

藏品登录号：8104

图版六十　金珠

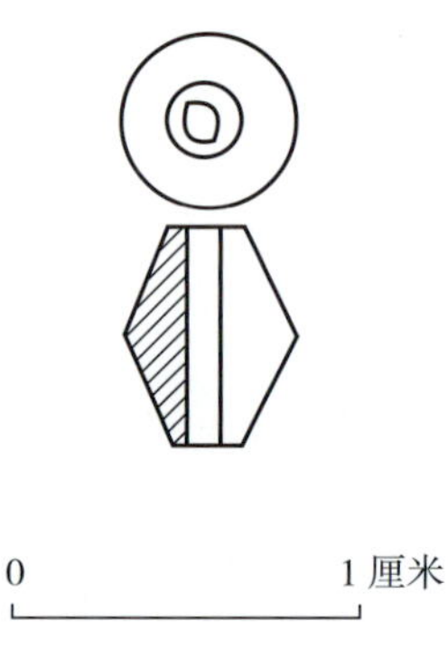

器　　名：金珠

质　　地：金

保存状况：完整，重0.8克

器形纹饰：腰鼓形，纵向穿孔

尺　　寸：长0.6厘米，腰部最宽处0.4厘米，两端宽0.2厘米

器物登记号：75-642

藏品登录号：8085

图版六十一　鎏金铜带具

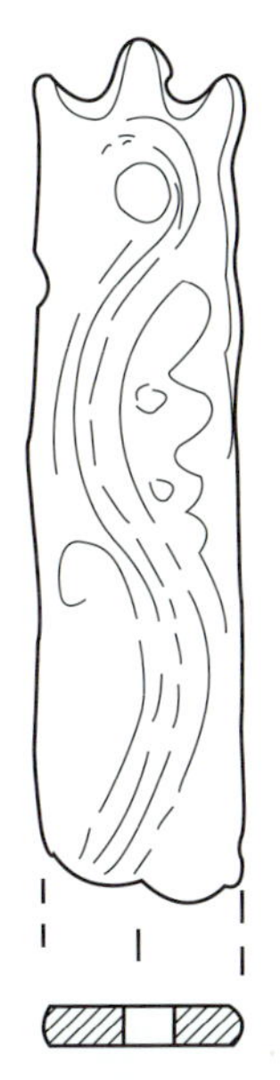

器　　名：鎏金铜带具

质　　地：铜鎏金

保存状况：残损

器形纹饰：长条形，正面鎏金，可见缠枝花纹及葡萄纹；两端及中端有相距3厘米左右的铆孔；背面平整，素面，未鎏金

尺　　寸：残长3.2~8.8厘米，宽1厘米

器物登记号：75-648

藏品登录号：8091

图版六十二　银泡

器　　名：银泡

质　　地：银

保存状况：略残损；内凹面泥土未清理

器形纹饰：素面，正面鼓起，呈半球形，内空

尺　　寸：直径1.9厘米，高1厘米

器物登记号：75-643

藏品登录号：8086

图版六十三　金属钉具

器　　名：金属钉具

质　　地：主要成分为银，杂质成分有铜、铋、锡、铁、铅、硅，是银、铜、铋的合金

保存状况：基本完整，6枚

器形纹饰：常见钉具状

尺　　寸：长2.2厘米，钉帽圆径0.6厘米

器物登记号：75-646

藏品登录号：8089

图版六十四　金属铺首与金属环

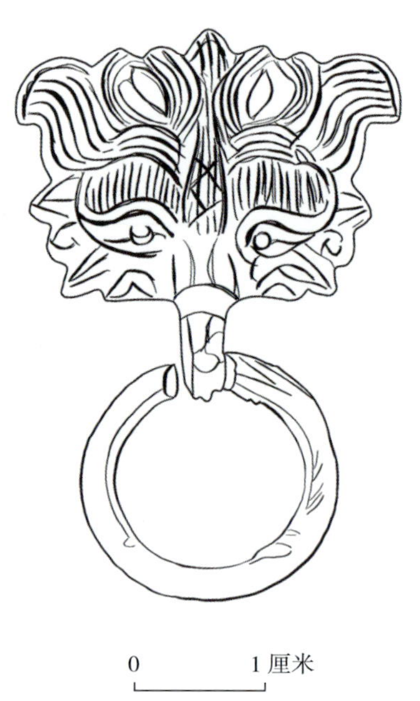

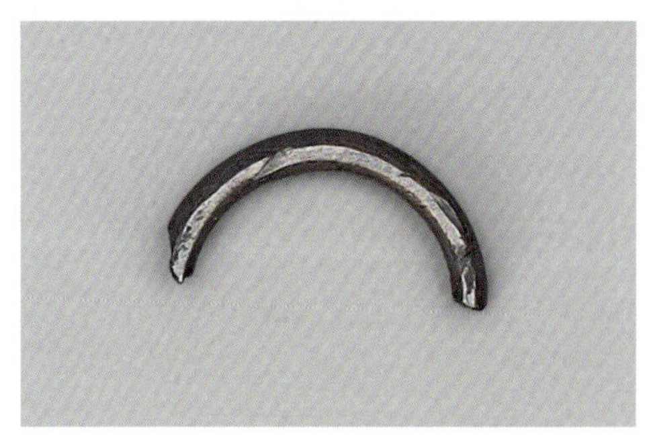

器　　名：金属铺首、金属环

质　　地：银、铜、铋合金

保存状况：铺首完整，金属环缺损

器形纹饰：铺首为兽面，口衔圆环

尺　　寸：铺首宽2.9厘米，厚0.2厘米，环径1.8厘米，高4.4厘米；金属环环径1.2厘米

器物登记号：75-644、75-645

藏品登录号：8087、8088

图版六十五　青铜方形饰

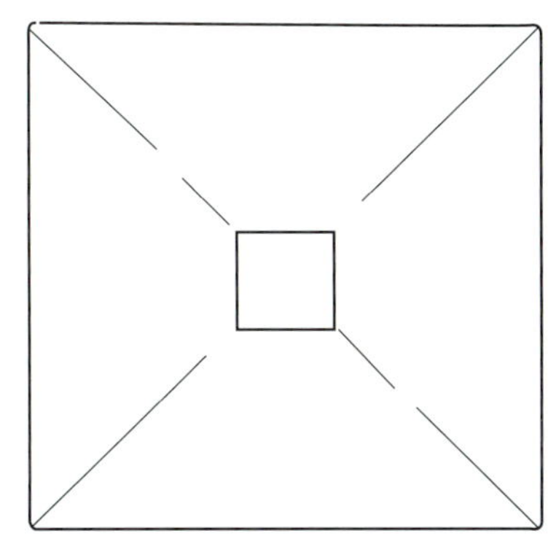

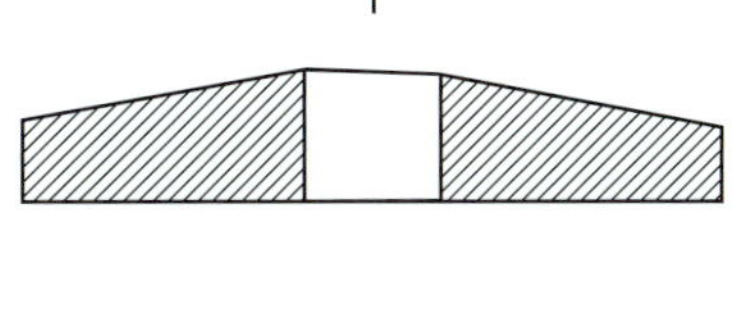

0　4厘米

器　　名：青铜方形饰

质　　地：铜

保存状况：完整

器形纹饰：素面，锈蚀严重；正面为方形盝顶，正中有方形穿孔，背面底部平整

尺　　寸：长6.7厘米，宽6.7厘米，高1.2厘米

器物登记号：75-638

藏品登录号：8081

图版六十六　青铜鸟饰件

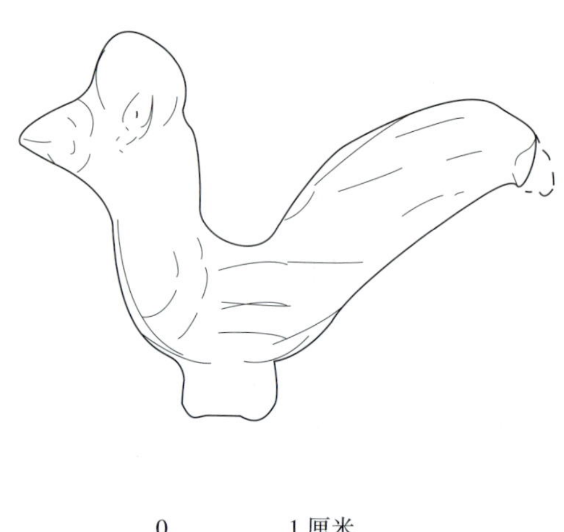

器　　名：青铜鸟饰件

质　　地：铜

保存状况：基本完整，尾部略缺失

器形纹饰：立鸟形

尺　　寸：长3.7厘米，高3.1厘米

器物登记号：75-647

藏品登录号：8090

图版六十七　铁剑残件与铁刀残件

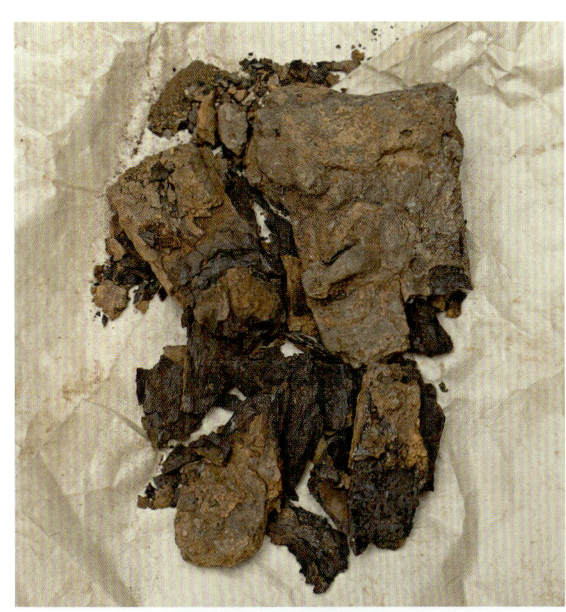

器　　名：铁剑残件

质　　地：铁

保存状况：锈蚀严重，无法修复

器形纹饰：据直形刀刃判断为剑

尺　　寸：最长残件长10.5厘米，宽3厘米，厚0.4厘米

器物登记号：75-649

藏品登录号：8092

器　　名：铁刀残件

质　　地：铁

保存状况：锈蚀严重，无法修复

器形纹饰：据弧形刀刃判断为刀

尺　　寸：最大残件长19厘米，一端宽1.8厘米，一端宽1.5厘米，厚0.4厘米

器物登记号：75-650

藏品登录号：8093

图版六十八　钱币

器　　名：钱币

质　　地：铜

保存状况：残碎，黏结，未清理，能辨识的仅五铢钱

器形纹饰：铜钱

尺　　寸：直径2~2.6厘米

器物登记号：75-656

藏品登录号：8099

图版六十九　玻璃杯碎片

器　　名：玻璃杯碎片

质　　地：玻璃

保存状况：残片，仅余4片

器形纹饰：推测原器是一件敞口折唇、腹部略鼓起的玻璃杯，无色透明，口沿下有两道弦纹，腹中部也有两道弦纹；以腹中部的两道弦纹为界，上下均有对称的磨花直瓣形花纹，腹上部的圆形尖瓣向上，腹下部的圆形尖瓣向下

尺　　寸：测算口径约10厘米，厚0.1厘米

器物登记号：75-651

藏品登录号：8094

图版七十　炭精饰件与琉璃饰件

器　　名：炭精饰件

质　　地：炭精

保存状况：完整

器形纹饰：整体呈匍匐的兽形或蟾蜍形，深蓝色，通体有横向穿孔

尺　　寸：长1.6厘米，宽1.2厘米

器物登记号：75-652-1

藏品登录号：8095-1

器　　名：琉璃饰件

质　　地：琉璃

保存状况：残损

器形纹饰：近球形，胎体灰白，表面为淡绿色

尺　　寸：长1.3厘米，宽1厘米

器物登记号：75-652-2

藏品登录号：8095-2

图版七十一　石珠

器　　名：石珠

质　　地：石

保存状况：微残

器形纹饰：球形，素面，通体穿孔

尺　　寸：有大小两种规格，蓝色直径0.5厘米，其他两件直径0.4厘米

器物登记号：75-655

藏品登录号：8098

图版七十二　水晶珠

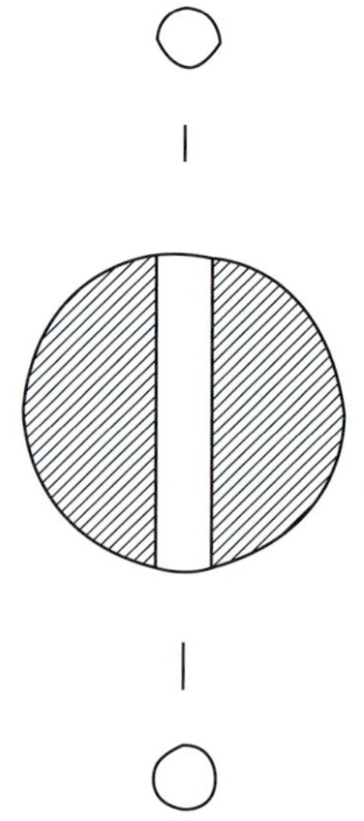

器　　名：水晶珠

质　　地：水晶

保存状况：微残

器形纹饰：球形，中有穿孔

尺　　寸：直径1.1厘米

器物登记号：75-653

藏品登录号：8096

图版七十三　玛瑙饰件

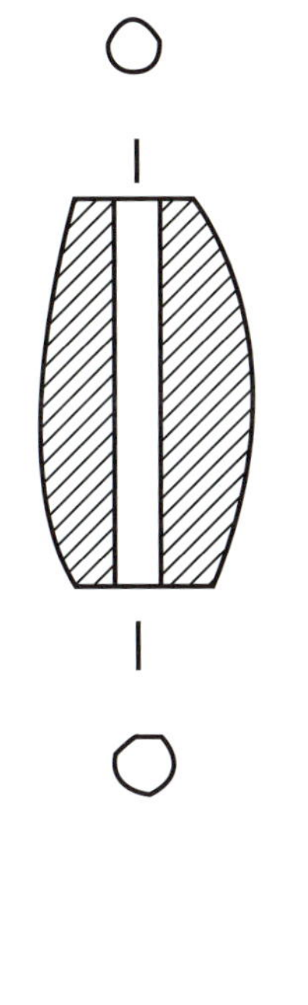

器　　名：玛瑙饰件

质　　地：玛瑙

保存状况：微残

器形纹饰：有天然玛瑙纹样；圆管状，腰部略鼓起，通体穿孔

尺　　寸：长1.4厘米，腰径0.8厘米，两端径0.6厘米

器物登记号：75-654

藏品登录号：8097

一、南京大学北园东晋墓

南京大学历史系考古组

遵照伟大领袖毛主席关于“古为今用”的教导，在校党委的直接领导下，我组于1972年4月配合本校建设工程，发掘了一座晋代墓葬。南京博物院亦派同志前来协助工作。全部发掘劳动，均由我校教职员担任，这也体现了“文化大革命”以来知识分子的一种新面貌。

一

这墓位于我校北园东北部鼓楼岗的南坡上。在墓的上部堆积土中，发现有一个重达五吨的明代大石柱础和一些琉璃瓦碎片，说明这里曾经有过明代的建筑物。在大石柱础的下面，开始发现从墓顶坍毁下来的墓砖。同时，还发现了一些北宋的钱币和残破的瓷碗。根据我校过去发现的宋墓情况来考察，它们应该是属于北宋墓葬的遗物。发掘快到墓底的时候，又发现这墓侧室的后墙，被另一座可能是南朝墓葬的一堵墓墙所破坏。从这些情况看，这座墓葬被破坏的次数是较多的。

墓的方向为南偏西 9 度，是一座双室的砖墓。全墓南北总长 8.04 米，东西总长 9.9 米，由墓门、甬道、主室、侧室甬道、侧室等部分构成。其中墓门宽 1.5 米；甬道长 3.04 米，宽 1.5 米；主室南北长 4.4 米，东西宽 4 米；侧室甬道长 1.2 米，宽 1.1 米；侧室长 3.5 米，宽 1.46 米；墓墙的宽度为 45 厘米至 75 厘米不等。我们发掘时，甬道和侧室的券顶已坍，但还可以看出起券的痕迹；主室四壁的残存高度为 1 米上下，据现存迹象推测，主室可能是穹窿顶。

这墓在建筑上的特点有下列几个方面。

第一，墓的封门墙以内，在甬道中还有两道门槽。这种在甬道中再设两道门的做法，在南京地区只见于少数大中型的六朝墓葬中。已经报导的有南京太平门内富贵山东晋大墓和南京西善桥油坊村的南朝大墓等，而这两座大墓曾被怀疑是封建帝王的陵墓[①]。

第二，在南京地区的六朝早期墓葬中，带有耳室的砖室墓是常见的，但这种耳室都用来放置随葬品[②]，而这墓除主室葬人外，还带有面积较大的用来葬人的侧室。据有关同志告诉我们，在武汉地区的六朝早期墓葬中是有侧室葬人现象的。另据报导，1957年在河南巩县石家庄发现的一座晋墓中也有这种情况[③]。

第三，根据对现存墓墙情况的观察，这墓的墓门、甬道和侧室都是券顶，而主室可能是穹窿状顶。这大约因为主室的跨度较大，而且平面接近正方形，所以墓顶结构以穹窿状最为合适。这种穹窿顶的墓室在西晋建都的洛阳地区相当流行[④]，在南京地区较大型的六朝墓葬中也常有发现[⑤]。

第四，这墓的墓室铺地砖的砌法，不像一般六朝墓中常见的那种用平铺的长方形砖作成人字形砖地，而是用长方形砖横列竖砌而成，只是在第二道门槽外的甬道内才做成横列平铺的砖地。这种砌法的砖地，过去只在南京地区大中型的六朝墓葬中有所发现，已经报导的有南京象山东晋王氏墓群中的四号墓，但该墓在侧立的纵砖之上，还平铺了一层砌成人字形的砖地面，并且有着排水沟的设施[⑥]。

第五，从这墓墓壁的纵断面来看，墓内砖地的高度从北壁下起，逐渐向南降低，墓门口的砖地要比主室北壁下砖地低13厘米。由于这墓没有排水沟的设施，这种建筑方法和竖砌的砖地面一样，都可以起一些排除墓内积水的作用。

这种前低后高，或墓室中央较高、四边略低的墓地构筑，在南京地区的六朝墓葬中是比较常见的，但一般都有排水沟的设施。据报导，在江西清江地区的晋墓中，凡是有前后两室的，前室一般都低于后室20厘米，并且都没有排水沟的设施[⑦]。

至于这墓的墓墙结构，都是应用六朝墓葬中常见的“一丁三顺”的砌法，即先用几层长方形砖平铺纵放起基，上砌一层侧立横放的砖，再砌三层平铺纵放的砖，

---

① 《南京富贵山东晋墓发掘报告》，《考古》1966年4期；《南京西善桥油坊村南朝大墓的发掘》，《考古》1963年6期。

① 《南京六朝墓葬》，《文物》1959年4期。

② 《河南巩县石家庄古墓葬发掘简报》，《考古》1963年2期。

③ 《洛阳晋墓的发掘》，《考古学报》1957年1期。

④ 《南京西善桥油坊村南朝大墓的发掘》，《考古》1963年6期；《南京六朝墓葬》，《文物》1959年4期。

⑤ 《南京象山东晋王丹虎墓和二、四号墓发掘简报》，《文物》1965年10期。

⑥ 《江西清江晋墓》，《考古》1962年4期。

这样砌造若干组的“一丁三顺”以后，就开始起券。就这墓的甬道两壁来观察，是砌造五组“一丁三顺”以后开始起券的。但是，由于墙基的底部是北高南低，所以甬道内的墙基以第二、第一道门槽为界，自北而南分别由三层、四层和五层平铺的砖纵砌而成，使墙基面在同一的水平高度上（图一[①]，本书图五）。

这墓的墓砖类型较多，大体上可分成长方形平砖和券砖两大类。在长方形的平砖中，以长34、宽16、厚5厘米的砖较多。这种砖的两个平面上，多数打印有三组或四组复线十字纹间斜线纹的图案；少数打印有三组以五铢钱纹为中心的直线和斜线纹的图案；还有极少数的打印着三组以八瓣莲花纹为中心的图案，四角各有一个五铢钱纹，而在莲瓣纹和五铢钱纹之间，则填以密集的直线纹和斜线纹。

次多的是一种长29、宽15、厚5厘米的长方形平砖，砖的两面都打印着绳纹。

券砖的数量较少，一种是两个长边厚薄不等的刀形砖，一般长34、宽15、一边厚5、一边厚3.5厘米；一种是两个短边宽度不等的梯形砖，一般长34、厚5、一端宽15、一端宽13厘米，这种砖是用烧制好的长方形平砖改制而成的，它的短边断面上可以清楚地看出用泥刀敲打过的痕迹。还有一种是长34、厚5、一端宽10、一端宽6厘米的窄条状梯形砖。所有券砖上的纹饰，都是用的复线十字纹间斜线纹的图案，也是打印在两个平面上的。

上述这些墓砖除带莲瓣纹的长方形平砖以外，都是南京地区早期六朝墓葬中所常见的[②]。

我们曾把全部墓砖作过一个粗略的统计，其总数在三万块以上。这一大批墓砖的制作，连同墓坑的起土、砌造墓室和最后填土等的工作量，就要耗费大量劳动力。如果再加上运输、制作葬具和随葬品等等，那就要耗费更多劳动人民的血汗。为了营造一个封建贵族的墓葬，就要浪费古代劳动人民如此数量浩大的劳动力，这对于我们来说，也是认识封建社会中残酷的经济剥削和政治压迫的一种实物教材。

二

毛主席教导我们：在调查研究时要采取实事求是的态度，要“凭客观存在的事实，详细地占有材料，在马克思列宁主义一般原理的指导下，从这些材料中引出正

① 原简报图号，下同。

② 《南京地区汉与六朝墓葬的主要特点及其历史价值》，《江海学刊》1962年8期。

确的结论。”

从现象上来看，这座古墓中的葬具已全部被毁，随葬器物十分凌乱，好像是杂乱无章，找不出规律来。但是，根据在发掘过程中的观察和室内的整理研究，再与同时代的墓葬进行对比研究，还是可以对葬具和随葬品的组合情况，画出一个大致的轮廓。

从主室后半部和侧室内都发现了漆皮、朽木、棺钉和五铢钱等情况看来，可以认为这两处就是原来安放葬具的地方。再根据能够体现性别特征的随葬品的大体位置来看，铁刀、剑出在主室后半部的偏东部分，此处可能是男性棺木的所在地。主室后半部的偏西部分，出有镂花金片和桃形金片，可能是女性棺木的所在地。侧室甬道口也出有镂花金片和桃形金片，所以侧室所葬的可能也是一个女性。值得注意的是铜质的棺钉都出在主室后半部的偏东部分，此处还出有卧龙陶座、陶砚和青瓷辟邪。主室后半部的偏西部分，还出有卧羊陶座，并且只有铁棺钉发现。侧室内出有卧虎陶座，并且也只有铁棺钉发现。

关于随葬品的组合，根据器物出土时的位置（图二五，本书图六），室内整理复原的结果，再参照南京地区时代相近的墓葬情况[①]，可以得出下列几点初步的认识。

（一）在甬道里第一、二道门槽之间的砖地上，原有一个中型陶案作祭台之用。祭台上面及其周围放置的器物有：陶凭几、陶盘、陶耳杯、陶盆、陶果盘、青瓷盘、青瓷耳杯、青瓷鸡头壶、青瓷双耳壶、青瓷四耳壶、青瓷六耳罐和青瓷四耳盖罐等。

在甬道的北口，将要进入主室的东西两侧，各站立着一个手持陶棒的守门俑。

（二）在侧室的甬道口，同样也有一个中型陶案作为祭台之用。这个祭台上面及其周围放置的器物有：陶凭几、陶盘、陶勺、陶耳杯、陶瓢尊、陶果盘、陶盆、陶熏、青瓷勺、青瓷杯和青瓷鸡头壶等，最突出的是其中还有一件玻璃杯的残片。

（三）在主室内有两个大型陶案作祭台之用，根据陶案碎片最集中的地点来看，一个可能在主室的西南角，一个可能在主室的东北角。

可能原置主室西南角的大陶案上面及其周围的器物有：陶凭几、陶盘、陶耳杯、陶瓢尊、青瓷盘、青瓷耳杯、青瓷勺、青瓷洗和青瓷熏等。

可能原置主室东北角的大陶案上面及其周围的器物有：陶盘、陶耳杯、陶瓢

① 《南京象山5号、6号、7号墓清理简报》，《文物》1972年11期。

尊、陶果盘、陶唾壶、陶砚和青瓷辟邪等。

（四）主室前半部发现了两件小型陶案的碎片，这两件陶案可能原置两具棺木的头端作祭台之用，上面放置的器物不明。

（五）在主室的四角，可能各置三足青瓷灯一件；侧室后墙的两角，可能各置陶灯一件。而卧龙陶座和卧羊陶座，可能分别放在男、女两具棺木的足端；卧虎陶座可能原来放在侧室棺木的足端。

关于晋代随葬品的情况，唐朝人杜佑曾在《通典》里引用了贺循的话：“神位既窆，乃下器圹中”；“其明器：凭几一、酒壶二、漆屏风一、三谷三器、瓦唾壶一、脯一箧、屦一、瓦罇一、屐一、瓦杯、盘、杓、杖一、瓦烛盘一、箸百副、瓦奁一、瓦灶一、瓦香炉一、釜二、枕一、瓦甑一、手巾赠币元三、缥二、博充幅、长尺、瓦盥盆一”[①]。

按贺循是西晋到东晋初年时人，系江东世族地主集团的代表人物，并且深通封建的礼制[②]。拿他列出来的明器表来与此墓所出的随葬品相印证，可以发现很多是相同的。如凭几（此墓为陶凭几）、酒壶（此墓为青瓷鸡头壶）、瓦唾壶（即陶唾壶）、瓦罇（可能即陶瓢尊）、瓦杯（即陶耳杯）、盘（即陶盘）、杓（即陶勺）、杖（此墓出有乌杖头）、瓦烛盘（即陶烛盘）、瓦盥盆（即陶盆）等等。值得注意的是此墓有不少明器都出有三套，不仅有陶质的，而且有青瓷质的，这同前面我们所作的墓中葬有三人的推论也是一致的。

三

墓中所出随葬品的组合情况大体如上所述，现将各类器物简要说明如下。

（一）陶器：共出土58件，以泥质灰陶为主，少数为泥质黑陶。器形有案、凭几、瓢尊、盘、耳杯、盆、勺、果盘、灯、鉢、熏、唾壶、砚、座和俑等。出土时均残缺。

（1）陶案　6件。大、中、小型各2件。

大型陶案　为长方形，六足，长125、宽100、高28厘米。案面平坦，厚1.5厘米，背面呈十六方格状，方格之间为宽3、厚4厘米的隔梁，是用来加固案面用的

① 杜佑：《通典》卷八十六。

② 《晋书·贺循传》。

（图七，本书图版一）。同类型的陶案曾发现于南京象山东晋王氏七号墓[①]，该墓所出的体形略小，只有四足，案面中央略隆起，背面呈六个方格状。这类案也可与南昌汉墓中所出的陶案相比[②]。后者为长方形四足，案面四周有高起的堆加边，但体形很小，只及此墓所出的小型陶案的大小。

中型陶案为较窄的长方形，双足作栅栏状，长126、宽35、高24厘米，案背面呈凹槽状，四边厚3.5、中部厚1.5厘米（图八，本书图版三）。在两个长边的外侧，均有长条形小槽，内有灌过铁汁的痕迹，应是加固案面用的。同类型的陶案曾发现于南京丁甲山东晋泰和元年（公元366年）墓[③]。洛阳西晋墓中也有这类窄条状的长方形案出土[④]。

小型陶案的形状与中型的基本相同，但因残缺过甚，很难复原。就碎片看，约长59、宽32、高20、厚1.5厘米。

（2）凭几　3件。几面弧形条状，下有三兽足。弧面长74、宽9厘米。背面呈凹槽状，中部厚2、四边厚4厘米，几高24厘米（图九，本书图版八）。这种凭几是南京东晋墓葬中常见的器物。[⑤]

（3）陶瓢尊　3件。瓢状带把（图一三，本书图版九），系一种酒器，或即贺循所列明器表中的“瓦罇”。此器见于六朝墓中的“竹林七贤图”砖画[⑥]。该图中的阮籍座前有带座盘的瓢尊，山涛和王戎座前也各有一瓢尊。这种瓢尊在六朝墓葬中常有发现，过去被称为勺或带把陶盆[⑦]，今从《南京西善桥南朝墓及其砖刻壁画》一文的考证，定名为瓢尊[⑧]。这次出土的陶瓢尊口径为24、底径17、高10厘米。

另有三足陶盘4件，口径19.5、高6厘米，形似三足陶砚，但盘面平坦，四周无

---

① 《南京象山 5 号、6 号、7 号墓清理简报》，《文物》1972 年 11 期。

② 《江西的汉墓和六朝墓》（此处按《简报》著录，应为《江西的汉墓与六朝墓葬》），《考古学报》1957 年 1 期。

③ 《南京近郊六朝墓的清理》，《考古学报》1957 年 1 期。

④ 《洛阳晋墓的发掘》，《考古学报》1957 年 1 期。

⑤ 《南京六朝墓葬》，《文物》1959 年 4 期。

⑥ 《南京西善桥南朝墓及其砖刻壁画》，《文物》1960 年 8、9 期合刊。

⑦ 《四年来华东区的文物工作及其重要的发现》附图31，《文物参考资料》1954年8期；又《考古通讯》1958年4期图版拾。

⑧ 《南京西善桥南朝墓及其砖刻壁画》，《文物》1960 年 8、9 期合刊。

水槽。发现时三件均与陶瓢尊的碎片同出，一件与陶熏的碎片同出，而这墓又有一种长方形的陶砚出土。因此，我们怀疑这种三足陶盘可能是陶瓢尊或陶熏的底座。

（4）盘　3件。盘中均涂朱，可能原置有耳杯。较完整的两件（图一九，本书图版十四、十五），大的口径23、底径20、高2.3厘米；小的口径17.5、底径14.5、高2.1厘米。

（5）耳杯　8件。可分大小两型，大型的6件，小型的2件，杯内均涂朱。大型的长19、连耳宽13.5、高6厘米；小型的残缺更甚，约长13、连耳宽9、高3厘米。

（6）盆　4件。其中一件有双鱼纹，计口径33.5、底径23、高6厘米，盆中有弦纹一圈，内有刻划而成的双鱼纹（图一四[①]）。另两件残碎不全，盆内均无双鱼纹。这种陶盆或即贺循明器表中所列的“盥盆”。

（7）勺　2件。均残缺不全，可能原置盆内，用以沃水。

（8）果盘　3件。圆形，高圈足，盘内涂朱，分成若干小格，计盘径26、高5厘米，均残缺过半。这种果盘在南京地区东晋墓葬中也是常见的[②]。

（9）灯　2件。似陶豆形，柱中空。均残缺过半，约高10厘米。

（10）鉢　1件。残缺，口径为7厘米。

（11）熏　1件。似鸡罩状，周身布满圆形和三角形的镂孔纹，计口径2.5、底径15厘米，高度不明。在熏的附近还出有一件盘面平坦的三足陶盘，可能就是这熏的座盘。

（13）[③]唾壶　1件。高11、口径9、腹径13、底径11厘米（图四，本书图版二十）。这也是南京地区东晋墓中常见的器物[④]。

（13）砚　1件。长方形带盖，两端作凸弧形，砚面四周有一圈凸起的边框，并在一端作成方形水池（图一〇）[⑤]。砚盖四周则为一圈凹入的边槽，并在一端作成方形凹槽，以与砚面相合。砚面及盖均长29、宽20、厚1.5厘米。

---

① 本次整理未发现陶盆残片。

② 《南京中山门外苜蓿园东晋墓清理简报》及《南京西善桥东晋泰和四年墓清理简报》，《考古通讯》1958年4期。

③ 原文误，应为“（12）”。

④ 《南京中山门外苜蓿园东晋墓清理简报》及《南京西善桥东晋泰和四年墓清理简报》，《考古通讯》1958年4期。

⑤ 本次整理未发现陶砚残片。

这种形式的砚在南京地区还属初次发现，过去仅见于长沙南郊的东晋宁康三年（公元375年）的刘氏女墓[①]。该墓所出的是石砚，无盖，大小仅及此墓所出陶砚之半。

（14）卧龙座和卧虎座　各1件。均圆座形，龙头和虎头伸出座外，作昂首张口状，龙身和虎身则盘绕在座的四周。座中央有圆孔，用来插放一种上细下粗的陶管。座的直径为24、高7厘米，管长64厘米，管的上口有一直径2厘米的小孔，疑是插烛用的。

这类陶座在南京地区最早发现于1955年发掘的幕府山东晋墓[②]，该墓出有卧龙座和卧虎座各两个，分置墓室的四角。1964年又在南京富贵山东晋大墓中发现，亦为卧龙座和卧虎座各两个[③]。洛阳的西晋太康八年墓中亦有卧虎座发现[④]。

（15）卧羊座　2件。其一残缺大半，较完整的一件首尾长26、头高13.5、尾高9、腹宽7.6厘米，头顶部有小圆孔，可能是插烛用的（图一七，本书图版二十一）。

（16）方形座　2件。均为正方形，中有仰斗状凹槽。一件略大，每边长24.7、厚6厘米；另一件略小，每边长20、厚9厘米，用途不明。

（17）方形板座　2件。均为正方形，厚1.3厘米，每边长21厘米，上有四个长3、宽1厘米的长方形小槽，用途不明。

（18）长方形座　4件。均长36、宽5.5，高8厘米，座中有凹槽，宽2.5厘米左右。附近发现有4根长方形陶棒，长32.5、宽3.5、厚2~2.5厘米，恰可插入长方形座的凹槽内，但用途不明。

（19）俑　2件。均带陶板座，连座高46厘米。头带冠，穿窄袖右衽长衣，手中可能原持圆形陶棒（在附近发现），以象征持戟守门状。这两件俑的头部、身部和足部都是分段模制而成的，比较特殊的是俑的双足上部呈杆状，一直插到俑体内的肩下（图二，本书图版二十四）。这种制作方法是比较少见的。

（二）青瓷器　共出土32件。均灰白色胎，施青绿或青灰色的釉。器形有壶、罐、盘、耳杯、勺、洗、碗、钵、瓶、灯、熏和辟邪等，出土时多数残破。

（1）鸡头壶　2件。器身均作盘口短颈圆腹平底状，流作昂首张口的鸡头状，把手则作鸡爪状。其中把手的高度略与盘口齐平，这是东晋时期鸡头壶的标准型

① 《长沙南郊烂泥冲晋墓清理简报》，《文物参考资料》1955 年 11 期。

② 《南京幕府山六朝墓清理简报》，《文物参考资料》1956 年 6 期。

③ 《南京富贵山东晋墓发掘报告》，《考古》1966 年 4 期。

④ 《洛阳晋墓的发掘》，《考古学报》1957 年 1 期。

式。两件中较完整的一件高21.3、口径9.8、最大腹径20.5、底径14厘米（图二三，本书图版二十七），另一件高25.5、口径10.2、最大腹径20.4、底径13厘米。

（2）双耳壶　2件。器身的形状与鸡头壶相同，双耳间均有装饰纹带。一件在双耳间有两道圆形花瓣纹饰带，饰带的中部再各贴印一个铺首（兽首衔环），两个竖耳上亦有蕉叶状纹饰。另一件的双耳间饰以网状纹带，没有铺首的装饰。两壶均高25、口径14、最大腹径21、底径10厘米（图二四，本书图版二十九）

（3）四耳小壶　1件。器形与双耳壶相似，四个横耳间以弦纹作装饰。计高5.4、最大腹径14.8、口及底径均为8.5厘米（图一一，本书图版三十一）。这壶的口部、肩部和上腹部的青釉上均加有一圈褐色斑点，即所谓“酱斑”，这种青釉器上的酱斑是从西晋末年开始而流行于东晋时期的带有特征性的装饰。

（4）四耳盖罐　2件。一件已复原，一件仅余盖部。复原的一件带盖高28.5、口径11.2、最大腹径24、底径15.4厘米（图二一，本书图版三十二）。盖纽作瓜稜形，器身为直唇鼓腹平底状。在器肩的四个横耳上下，均有弦纹带和圆形花瓣纹带作装饰，而在两种饰带之间，再饰以网状纹带。另外，在每两个横耳之间的网状纹带中部，又各贴印一个辟邪状的猛兽象，使整个装饰图案更加生动活泼。这种装饰作风，过去多见于东吴和西晋的一些青瓷器上①。

（5）六耳小罐　1件。作浅唇大口扁圆腹的平底状，高9.3、口径8.2、最大腹径13.4、底径6厘米（图一五，本书图版三十三）。它的六耳作折角桥形，三耳构成一组，都是中间一个竖耳，两旁各一横耳。它的釉色青绿，而且绿中发黄，显得格外晶莹，在口部外沿的凝釉处，更闪亮如玻璃，并施釉直到里壁。因此，它是这次出土青瓷器中釉色最好的一件。

（6）盘　3件。均高3、口径21、底径14—15.5厘米，盘底有支烧时所遗留的铮钉痕迹。盘内均有同心圆状的两组弦纹，其中一件在两组弦纹之间还增加了一圈连续波状纹作装饰（图二〇，本书图版三十四、三十五、三十六）。

（7）耳杯　3件。分大小两型，杯底均有支烧痕迹（图二〇，本书图版三十七、三十八、三十九）。

大型的一件，长19.4，连耳宽9.7、高4.8厘米；小型的两件，约长7.5、连耳宽

① 《略谈魏晋至五代瓷器的装饰特征》，《文物》1959年6期。

3.2、高2.3厘米。这几件耳杯原来都应置于盘中。

（8）勺　3件。已复原的一件连柄长11、勺长4.3、宽3.4厘米，勺背有支烧的痕迹（图二〇，本书图版四十二）。

（9）洗　2件。均高11、口径26.6、底径14厘米（图五，本书图版四十、四十一）。器口外沿下有两圈弦纹，腹上部压印着两道圆形花瓣纹饰带，其间再夹以网状纹饰带，并用贴印的三个铺首将装饰带作三等分，使图案显得更加生动别致。这种图案也见于西晋的一些青瓷器①。

（10）碗　5件。较完整的一件高6、口径13.6、底径5.2厘米（图六，本书图版五十），器口外沿下有弦纹一道作装饰。

（11）缽　1件。高11、口径12、最大腹径16、底径6.3厘米，作敛口鼓腹小平底状。釉作茶黄色，与墓中所出大多数青釉器不同，其纹饰也比较特殊，为刻划成的近似仰莲纹的图案，由十七瓣组成，线条比较简单瘦削，不象南朝时期那样的流畅肥硕（图一六②）。这是一件值得注意的器物。

（12）四耳瓶　1件。高15、口径和底径均为7.2厘米（图二二，本书图版五十一），瓶身作长圆形，腹上部略鼓起，下部作直筒形，四个小横耳附于器肩上。釉已全部脱落，灰白色胎都显露在外，这也是一件比较别致的器物。

（13）灯　3件。器形相同，均由灯盏、灯柱、承盘和三个熊足等部分构成，计高13、盏径9、盘径16厘米。其中一件的灯柱上和承盘内都有网状纹饰带一圈，承盘的宽边上还压印有一圈圆形花瓣纹饰带（图一二，本书图版四十五）。另两件的灯柱上没有网状饰带，而代以两圈弦纹饰带。

（14）熏　仅余熏盖一个，全器的器形不明。

（15）辟邪　1件。这是墓中出土最完整的一件器物。全长15.5、身宽7.4—8.3、头部高11、尾部高8.5厘米（图一八，本书图版四十七）。通体似一昂首蹲伏状的狮子，身部用压印的小圆环作装饰，尾部则饰以蕉叶纹。整个造型十分生动美观，是当时手工业工人的一种杰出的艺术作品。

这种青瓷辟邪器的背部正中都有一圆形小管，过去一般认为是作水注之用。

（三）金属器　墓中共发现金、银、铜、铁等器数十件，现将器形可辨的说明

① 《略谈魏晋至五代瓷器的装饰特征》，《文物》1959年6期。

② 本次整理未收录青瓷钵。

如下：

（1）镂金饰片　4件。均用大小不等的连珠纹镂成兽面形。较大的一片作佛龛状，高4、上宽3.7、下宽3厘米，重5.3克，它以两个半圆形的金珠作双目，象是龙首的样子。一片作方形，每边均长3厘米，重3.3克，纹饰象是虎头的样子，但双目上的金珠已缺失。另两片亦作佛龛状，均高2.8、宽3.9厘米，重3.5~3.7克，纹饰象是侧身盘绕着的龙形，目中的金珠亦已缺失。

与这四件金饰片同出的，还有一些长条形金叶片，均长6.8、宽0.3厘米，上面还有五个嵌放小珠的圆孔，但小珠均已缺失。这种金片的两端，都有一个小孔，其中有一个小孔内还保存有长0.9厘米的银合金钉。由于有些金片的背面附有少量漆皮，因此我们怀疑这些金片可能是一件漆器上的镶嵌饰物。

距离金片出土地点不远处还发现了一块方形盝顶状的铜盖片，每边均长6.8厘米，而且盖的中部有一安放器纽用的小方孔，但纽已缺失，我们推测这块铜片便是这件漆器的盖子。

综合上述几个因素，我们推测这件漆器的原形应是一个长宽高各6.8厘米、厚1厘米左右的方形木胎漆盒。它的四个立面上均以上述长条形金片作边饰，并将龙形或虎形的镂金饰片嵌在立面的正中。根据出土时的观察，两件侧身龙形纹的金饰片周围，还多了一道用更细的长条形金片作成的边饰。

关于四件镂金饰片在漆盒上的次序，我们推测盒的正面应是龙首形金片，背面应是虎头形金片，左、右立面应各是一个龙头向前的金片。并且已根据上述推测予以初步复原。金片的金属成分经我校化学系分析化学教研室用光谱分析的结果是：主要成分为金；杂质成分：铜、银、铁、硅皆微量。因此，金片的纯度很高①。

---

① 本校化学系分析化学教研室分析报告的全文如下：

历史系交来东晋古墓中饰件样品，经光谱分析，结果如下：

1. 金属小钉：主要成分为银，杂质成分：铜、铋中量；锡、铁少量；铅、硅微量。

2. 金属兽首：主要成分为银，杂质成分与以上相同。

3. 金属大环：主要成分为银，杂质成分与以上相同。

4. 金属小环：主要成分为银，杂质成分：铜、铋中量；铅少量，金微量。

5. 金片：主要成分为金，杂质成分：铜、银、铁、硅皆微量。

根据以上分析，前四种为银、铜、铋合金，小环没有锡，故性较脆。金片纯度很高。铜、铋有时与银共生，可能是冶炼时混进的主要杂质。

分析报告日期：1972 年 5 月 12 日

（2）桃形金片　32片。均用薄仅0.3毫米左右的金片剪成，尖端有小孔，可以穿系。这种金片有大小两种：大的长1.6、宽1.3厘米，重0.23—0.3克不等；小的长1.3、宽1厘米，重0.12克左右。

这种桃形金片曾发现于洛阳的西晋元康七年（公元297年）徐美人墓中①。又发现于长沙的东晋宁康三年（公元375年）刘氏女墓中②。南京老虎山的东晋颜綝墓中也有发现③，而且是与金花、银钗等同出于女性死者的头部。此外，在辽阳三道壕发现的晋代墓葬中，类似的桃形铜饰片是附着在女性头盖骨上的④。因此，我们可以认为这种桃形金片应是发饰，这也可以想见晋代封建贵族生活的奢侈。

（3）花瓣形金片　10片。均作六瓣形，径1.7厘米，中有小孔。其薄如纸，重仅0.18克，系模制而成。

这种金花片也曾发现于上述长沙东晋刘氏女墓和南京东晋颜綝墓中，且与桃形金片和银钗同出于女性死者的头部。因此，也可能是一种发饰。

（4）小金珠　1件。作橄榄形，长0.6、腰宽0.4、两端宽0.2厘米，重0.8克，中有小孔可穿，当亦为饰品。

（5）银泡　2件。径1.9、高1厘米，泡内附有漆皮，应是漆器的饰件。

（6）银、铜、铋合金小钉　6枚。均长2.2、钉帽圆径0.6厘米，可能是大型木胎漆器上所用的钉子。其成分经我校化学系分析化学教研室用光谱分析的结果是："主要成为为银；杂质成分：铜、铋中量；锡、铁少量；铅、硅微量。"因此是银、铜、铋的合金⑤。

（7）银、铜、铋合金铺首　1个。计兽面长2、宽2.8、厚0.2厘米，环径1.8厘米，可能也是漆器上的饰件。其金属成分与上述小钉同。

（8）银、铜、铋合金小环　1件。直径1.2厘米，其金属成分是：主要成分为银，杂质成分：铜、铋中量；铅少量；金微量。因合金中无锡，故性较脆。其用途可能也是漆器上的饰件。

---

① 《洛阳晋墓的发掘》，《考古学报》1957 年 1 期。

② 《长沙南郊烂泥冲晋墓清理简报》，《文物参考资料》1955 年 11 期。

③ 《南京老虎山晋墓》，《考古》1959 年 6 期。

④ 《辽阳三道壕发现的晋代墓葬》，《文物参考资料》1955 年 11 期。

⑤ 同第 149 页脚注①。

（9）青铜乌杖头　1个。鸟的头部高3、身长3.2厘米。关于这件器物的名称和用途，据东晋晚期人干宝在《搜神记》一书中说：“元康中，天下始俲为乌杖，以柱掖。其后，稍施其镦。”[①]可见乌杖是西晋元康年间（公元291—299）才开始流行的，到了东晋继续流行。

（10）错金铜片　3件。均作长条形，原长约为9、宽1、厚0.2厘米。正面的错金花纹为细密流畅的云龙纹，空间再加圆点纹作装饰。这种铜片的中间有一排相距3厘米左右的钉孔，原来可能是钉在漆器上的边饰。

（11）铁剑　残存一段。计长10.5、宽3、厚0.4厘米，剑身用平纹绢包裹，绢纹细密，每平方厘米内的经纬线各为60根左右，与汉代一般平纹绢的密度相近[②]。

（12）铁刀　残存一段。计长10.2、一端宽1.8、一端宽1.5、厚0.4厘米，刀面也裹以平纹绢，再用细麻绳缠绕，绢纹的密度与铁剑上的相同。刀面上还遗留有一些云母片。

（四）其他　有玻璃器、料器、水晶器、玛瑙器、石器和钱币等。

（1）玻璃杯　1件。已残碎，从碎片看（图三，本书图版六十九），原器是一件敞口折唇腹部略鼓起的玻璃杯，口径约10厘米，厚仅1毫米，白色，透明度较大。杯口沿下有两道弦纹，腹中部也有两道弦纹。以腹中部的两道弦纹为界，上下均有对称的直瓣形花纹，腹上部的圆形瓣尖向上，腹下部的圆形瓣尖向下。将碎片置于放大镜下观察，可以发现较多的气泡。

按埃及人民早在公元前12世纪时就已经发明了制造玻璃和琉璃的方法，以后腓尼基人又从埃及学得制造玻璃和琉璃的方法，叙利亚就成了古代制造玻璃和琉璃的中心。到了东罗马帝国时期，君士坦丁堡的玻璃和琉璃的制造业也发达起来[③]。

在我国的古代文献中，最早出现的“玻璃”一词的译名作“颇黎”，见晋人的著作《玄中记》：“大秦国有五色颇黎，红色最贵。”[④]《旧唐书·拂菻传》也提到：“贞观十七年，拂菻王（按即大秦王）波多力遣使献赤玻瓈。”但《天竺记》

---

① 《搜神记》卷七。

② 《我国古代蚕、桑、丝、绸的历史》，《考古》1972年2期。

③ 《中国和拜占庭帝国的关系》，上海人民出版社，1956年。

④ 《太平御览》卷八〇八。

说："大雪山中有宝。山，诸七宝并生，取可得。唯颇黎宝生高峰，难得。"[①]又李时珍《本草纲目》卷八引唐人著作《本草拾遗》说："玻璃，西国之宝也，玉石之类，生土中。"就后两段记载的文义来看，唐朝时候所说的颇黎或玻璃似非人工制成的器物。再从1970年西安南郊何家村唐邠王府遗址中出土银罐盖里的唐人题记"颇黎"和罐中的实物看来，当时所称的颇黎或玻璃就是指的宝石。而银罐盖里又有唐人另一题记"琉璃杯碗各一"，同时，遗址还出有带圆圈纹的玻璃碗等实物[②]。

那么，人工制成的玻璃器在晋朝时候究竟称作什么呢？我们认为还是应该包括在当时所称的"琉璃器"的范围之内。如《晋书·崔洪传》所说："汝南王亮常譙公卿，以瑠璃锺行酒。"《世说新语·排调篇》说："王公与朝士共饮酒，举瑠璃盌谓伯仁曰：此盌腹殊空，谓之宝器何邪？"同书《纰漏篇》说："王敦初尚主……既还，婢擎金澡盘盛水，瑠璃盌盛澡豆。"又同书《汰侈篇》说："武帝尝降王武子家，武子供馔，并用瑠璃器。"等等。这些记载中的"瑠璃锺"和"瑠璃盌"可能就是指人工制成的玻璃器。因为是从国外输入的，所以被称为"宝器"，只有高级的封建贵族才能享用，而《世说新语》的编者也把王济用瑠璃食具请皇帝吃饭的举动，当作是非常奢侈的行为来描写。

同类型的玻璃器也发现于1970年南京市博物馆发掘的南京象山东晋王氏七号墓中[③]。该墓出有玻璃杯两件，一整一残，但厚度较此墓所出的为大。

（2）料器　2件。均作伏兽形，径1.6厘米左右，一深蓝色，一天蓝色，均有穿孔，当为饰品。

（3）水晶珠　1件。圆形，直径1厘米，有穿孔。

（4）玛瑙珠　1件。圆管状，腰部略鼓起，计长1.3、腰径0.8，两端径0.6厘米。

（5）小石珠　2颗。圆径0.4厘米，有小孔。

（6）石板　2块。原为长方形，均残缺。其中一块的宽度是16.5厘米。或为调色板。

（7）钱币　多数均锈蚀，可辨出钱文的仅五铢一种。以东汉五铢为主，也有少数剪轮五铢和綖环钱。

---

① 《太平御览》卷八〇八。

② 《从西安南郊出土的医药文物看唐代医药的发展》，《文物》1972 年 6 期。

③ 《南京象山 5 号、6 号、7 号墓清理简报》，《文物》1972 年 11 期。

四

关于这墓的时代问题，前面几节已经有所涉及，现再作一些综合的说明。

从墓的建筑来看，它与西晋时期流行的穹窿顶墓室有着密切的关系。带有侧室的结构，也与南京地区六朝早期墓葬中带有耳室的作风相仿。近年来南京市博物馆的同志们曾经在南京象山和老虎山一带做了不少考古发掘工作，其中象山东晋早期王氏七号墓的建筑类型和随葬品与此墓非常相近①，老虎山的颜谦妇刘氏墓（东晋永和元年）的建筑结构也与此墓相近②。

从随葬品来看，在青瓷器方面还有相当数量仍具西晋风格的器物，可与南京板桥石闸湖西晋末的永宁二年墓相比③。陶器和其他器物都是东晋时期比较常见的。只有个别瓷器和少数墓砖上出现了被认为是晚出的莲瓣纹装饰。

因此，综合几方面的情况来考察，这墓的时代以定在东晋的早期较为适宜。

关于墓主问题，因为缺乏材料，很难加以推测。不过，从墓的形制、随葬品的性质以及地理环境等方面来考察，可以对墓主的身分提供一些线索。

首先，从墓的甬道中设两道门的制度来看，它是六朝时期少数大中型墓葬中才有的情况，而尚未见于已经发掘的东晋“高门大族”如王、谢家族的墓群中。这可能代表着一种特殊的等级身分。

其次，这墓除出现了比较少见的卧龙陶座和卧虎陶座外，还有一套多达六件的大中小型俱全的陶案作为祭台，而王氏七号墓中也只出有一件大型的。又如玻璃杯、金银器和青瓷器等也比较突出。

再次，从墓的地理环境来看，鼓楼岗是明代初年兴建鼓楼以后的名称，过去是与今北极阁所在的鸡笼山一脉相连的。这一带邻近东晋宫城，又与当时帝王陵墓的葬地相毗连④。能够在这里建造规模较大的墓葬，也不是一般的封建贵族所能办得到的。

因此，我们认为此墓墓主的身分，可能是一个地位很高的封建贵族。

原刊《文物》1973年第4期

① 《南京象山5号、6号、7号墓清理简报》，《文物》1972年11期。

② 《南京老虎山晋墓》，《考古》1959年6期。

③ 《南京板桥镇石闸湖晋墓清理简报》，《文物》1965年6期。

④ 《建康实录》卷八，永平陵注。

附记一：关于南京大学东晋墓出土镂孔金饰片的补充说明

1972年4月，南京大学北园东晋墓出土了镂孔金饰片一组四件。因该墓简报在《文物》1973年第4期上发表时未附图片，今趁本书出版之际特补发图版，并作补充说明如下。

在这组镂孔金饰片中，较大的一件作山形（原简报写作佛龛状），其最高点在中部正上方，除有两颗较大的金珠作为双目外，尚有大小不等的成串粟粒状小金珠作为眉饰和耳饰，口鼻则用均等的小金粟焊接于金丝上形成。这件镂孔金片的纹饰，简报中曾描述为“象是龙首的样子”，后承宿白教授见告，应属蝉纹。两件较小的山形镂孔金饰片，其纹饰在原简报中曾描述为“象是侧身盘绕着的龙形”，后经进一步的观察，应是神人乘龙的形象，龙身均由大小不等的粟粒状金珠焊成，其山形的最高点与龙首所在的位置一致，皆偏于一侧，当属左右对称的同组饰物。作正方形的一件镂孔金饰片，由大小均等的粟粒状小金珠焊接在金丝上制成，耳目口鼻及毛发俱全，原简报描述为“象是虎头的样子”，究属何种兽面的形象，还需作进一步的研究。

关于这组镂孔金饰片的用途，原简报依据金饰片背面所遗留的漆纱痕迹，曾经“怀疑这些金片可能是一件漆器上的镶嵌饰物”，后来见到《文物》1973年第3期发表的《辽宁北票县西官营子北燕冯素弗墓》一文及辽宁省博物馆陈列的该墓实物，才改变了先前的看法，认为应属冠饰。惟冯素弗墓所出土的两件山形金饰片，具有蝉纹图案者的蝉目是用两颗灰石珠作成，而另一压印人物纹山形金饰甚薄，为佛教图像。故南北两地东晋十六国时期出土的类似遗物既有共同之处，又有一定的差异，如在金饰片的组合上，图案的内容上以及工艺的精粗上等等。在年代上，南京大学北园东晋墓应属东晋早期，相当于4世纪上半期；而北票冯素弗墓则已属5世纪初期，相距近百年之久。

1980—1984年期间，笔者在整理湖北鄂城（古武昌）六朝墓群出土实物时，又在东晋前期墓中发现一件山形镂孔金饰片，其纹饰与南京大学北园墓出土的神人乘龙的金饰片非常相似，惟其山形的最高点在中部正上方，神人及龙形的图案更为明显，特别是龙首、脊背和龙爪非常清晰。

这种用粟粒状金珠焊接雕镂而成的小件装饰品，虽然也见于南方的少数两晋墓中，但作为冠饰并具有蝉纹和龙纹图案的镂空金饰片，则仅见于南京与古武昌的两座东晋前期墓中，而且南京大学北园墓所出者又是一组四件，应是分别前后左右，可能是笼冠四周的饰物。由于南方各地发掘的东晋墓已逾千座，而出土的“附蝉为饰”的金珰（见《晋书·舆服志》）极为罕见，这与西晋时期“貂蝉盈座”的状况（见《晋书·赵王伦传》）形成了鲜明的对比。故笔者认为南京大学北园的这座出有蝉纹金珰，并配以龙、虎纹金珰冠饰的墓主，其身份应该是很高的。

2000年6月10补记

附记二：关于南京大学东晋墓出土玻璃杯的补充说明

此墓出土玻璃杯残片的化学成分，已于1982年5月委托中国社会科学院考古研究所安家瑶同志送请建筑材料科学研究院陶瓷科学研究所测定。结果是与古罗马和古埃及玻璃化学成分接近，属于钠钙玻璃系统（$Na_2O-CaO-SiO_2$），可证确为当时由国外输入的“宝器”。

其具体化学成分为：SiO_2，69.39%；Al_2O_3，1.89%；CaO，6.81%；Na_2O，19.60%；K_2O，0.49%；MgO，0.27%；Sb_2O_3，0.29%。见安家瑶：《中国早期玻璃器皿》，《考古学报》1984年第4期；建筑材料科学研究院等《中国早期玻璃器检测报告》，《考古学报》1984年第4期。

（以上两篇附记，原刊蒋赞初：《长江中下游历史考古论文集》，北京：科学出版社，2001年，第150—152页。附记略有删节，特此说明。）

二、南京大学北园东晋墓整理札记

张学锋

在整理南京大学北园东晋墓资料的过程中，整理者收获了不少心得，但为了不影响读者对出土遗物及墓主身份的自主判断，这些心得不便置于报告的结语之中，今择其要，作为私见撰成札记录于下。

一、关于墓室形制的讨论

《简报》在第一部分描述墓室形制时称："墓的方向为南偏西9度，是一座双室的砖墓。"在第四部分结语中称："从墓的建筑来看，它与西晋时期流行的穹窿顶墓室有着密切的关系。带有侧室的结构，也与南京地区六朝早期墓葬中带有耳室的作风相仿。"从以上描述中不难看出，发掘者在发掘清理墓葬时并未关注主墓室与侧室之间的差异，将之视为一次性完成营建的墓葬。

2003年，吴桂兵撰文《南京大学北园东晋大墓的形制、墓主及其他——两晋偏室墓研究之一》[①]，试图从偏室墓的角度去个案分析南大北园东晋墓的墓葬形制及墓主等相关问题，因此，论文将该墓葬的文化因素溯源至西晋洛阳地区的偏室墓。虽然作者非常谨慎地质疑，试图否定南京地区存在偏室墓的观点，但谨慎的原因主要是历年两晋偏室墓发现较少。

双室墓也好，带侧室也好，偏室墓也好，其根底是认为这座墓葬在营建当初就规定了这种形制。然而，从墓室结构的实际情况来看，这个观点是值得商榷的。

韦正在其博士学位论文《长江中下游、闽广地区六朝墓葬的分区和分期》中，曾质疑该墓侧室是一座与主墓室无关的南朝墓[②]。在其正式出版的专著《六朝墓葬

---

① 吴桂兵：《南京大学北园东晋大墓的形制、墓主及其他——两晋偏室墓研究之一》，《东南文化》2003年第9期。见本书附篇五。后在其著《两晋墓葬文化因素研究》（南京：南京大学出版社，2017年）第三章第三节"长江下游地区两晋墓葬类型"中，将该墓列为Da型（方形砖墓，侧附长方形侧室），第179页。

② 韦正：《长江中下游、闽广地区六朝墓葬的分区和分期》，第23—24页，注10。北京大学考古文博学院博士研究生学位论文，2002年。本书附篇四、五涉及相关问题时均有介绍。

的考古学研究》第二章第一节中，将长江下游地区的墓葬形制分为三类，第一类为“宏大的单室墓”，南大北园东晋墓被引为这一类墓葬的典型墓例[①]。同样的认识，还见于其著《魏晋南北朝考古》[②]。既然墓葬类型是“宏大的单室墓”，那么，该墓的侧室就被排除在外了。虽然在后两种专著中未发现作者对侧室所属时代的探讨，但其将主墓室和侧室分开考虑，这一认识，与上述的“双室砖墓”或“偏室墓”相比，无疑有了新的思考。

王志高《南京大学北园东晋大墓的时代及墓主身份的讨论——兼论东晋时期的合葬墓》一文[③]，焦点亦集中在南大北园东晋墓的墓葬形制与墓主人身份上。王文的切入点是该墓随葬器物的组群及断代。文中将该墓出土的随葬器物，尤其是时代特征明显的陶瓷器分成三组。A组器物数量较多，明显带有孙吴至东晋初年青瓷器最典型的装饰风格，可将之视为东晋早期前段的遗物；B组器物数量较少，鉴于四系盘口壶口沿与肩腹部装饰褐斑点彩以及鸡首壶肩部贴塑鸡首并设弧形长鋬等特征，将之视为东晋早期晚段的遗物；C组为后世混入的器物。东晋早期的时代断限，王文在刘建国观点的基础上略加完善，称是东晋元帝至成帝之间（317—342年），早期前段为元、明二帝时期，早期晚段为成帝时期。文章基于随葬青瓷器的时代特征，指出主室两位墓主当是东晋早期偏早阶段葬入，侧室墓主当是东晋早期偏晚阶段葬入。关于侧室的砌筑，王文认为是在成帝时期，并据墓室遗物的分布情况推测，认为砌筑侧室之前将早年葬入的梓棺和随葬物暂时移出，并指出这类现象在东晋时期也有例可循。

从结论上说，侧室是稍后在主室东侧加筑的意见是可信的。从而，墓葬最初的形制就很难泛泛地说是双室砖墓或带侧室的砖室墓，也不能说是“偏室墓”，应该遵从韦正的意见，是一座“宏大的单室墓”。

该墓南北总长8.04米，东西总长9.9米（含东西长、南北窄的侧室）。其中墓门宽1.5米，甬道长3.04米、宽1.5米，内设两道木门；主室南北长4.4米，东西宽4米。

① 韦正：《六朝墓葬的考古学研究》，北京：北京大学出版社，2011年，第21—22页。

② 韦正：《魏晋南北朝考古》，北京：北京大学出版社，2013年，第112—113页。

③ 王志高:《南京大学北园东晋大墓的时代及墓主身份的讨论——兼论东晋时期的合葬墓》,《东南文化》2003年第9期。后收入其自选论文集《六朝建康城发掘与研究》，南京：江苏人民出版社，2015年。见本书附篇四。

这个规制与南京汽轮电机厂发现的东晋墓（推断为东晋永平陵）南北总长9.05米，甬道长2.9米、宽1.56米，内设两道木门，近方形墓室南北4.98米、东西宽4.24米的可比性非常强[①]，同属东晋前期帝陵规制。只是南京汽轮电机厂东晋墓在南北壁及封门墙两侧均加筑了挡土墙，形制与南大北园东晋墓略有差异，韦正将前者列为宏大单室墓Ab型，后者列为宏大单室墓Aa型。

二、墓砖规格反映出来的墓室形制

在上述有关墓葬形制的讨论中，主要的依据是该墓出土青瓷器的时代差异，并没有涉及墓室砌筑要素。因此，侧室砌筑是否晚于主室，这个问题依然缺乏决定性的论据。

这次整理工作开始之初，笔者就意识到必须解决这一问题。由于原始发掘记录散失，在邀请蒋赞初先生做口述史前，就设定了一些问题：主室与侧室的用砖是否完全一致？《简报》中介绍的几种纹饰砖是否同时见于主室和侧室？主室和侧室的砖缝对接是否有特殊迹象？换言之，主室与侧室是否同时砌成？蒋先生的答复如下：主室与侧室的用砖当时观察是一致的，应该是同时建成的。

由于该墓清理完毕后墓砖就地废弃，未能收集，今无实物可供验证，但阅读《简报》，对上述问题依然能够给出一定的解释。

该墓的用砖，大体可分成长方形平砖和券砖两大类。长方形墓砖用于砌筑墓室的四壁，数量最多，其中又可分成两种规格：

1.大型长方形平砖　长34厘米，宽16厘米，厚5厘米，数量最多。这类砖的两个平面上，多数模印三组或四组复线十字纹间斜线纹图案，少数模印三组以五铢钱纹为中心的直线和斜线纹图案。还有极少数的模印三组以八瓣莲花纹为中心的图案，四角各有一个五铢钱纹，而在莲瓣纹和五铢钱纹之间，则填以密集的直线纹和斜线纹。这极少数模印莲花纹的砖应是后世混入，可以忽略。

2.小型长方形平砖　长29厘米，宽15厘米，厚5厘米，数量仅次于上一种规格，砖的两面都模印着绳纹。

如果主墓室和侧室同时砌筑，在无特殊情况下用砖应该是一致的。由于发掘

---

① 南京市博物馆：《南京北郊东晋墓发掘简报》，《考古》1983年第4期。

时缺乏这方面的意识，未能第一时间在现场确认。然而，主室四壁与侧室四壁的厚度，显示了两者之间的差异。

据《简报》，墓墙的宽度为45厘米至75厘米不等（通过比例尺计算的墓壁厚度与之略有差异）。《简报》虽未明确主室、侧室各墙的具体尺寸，但从所附的墓室平、剖面图中，依然可以看得很清楚。主室的东、西、北三壁及南壁的内甬道口以西、侧室甬道南壁与东壁的厚度基本一致，主室南壁内甬道口以东与侧室南、北壁的厚度基本一致。造成这一现象的原因或许有多种，但主室、侧室用砖上的差异应该是其重要原因之一。设想，主室四壁采用“三顺一丁”砌法，顺砖平砌大型平砖5块，约合75厘米，是《简报》报道的墓墙最大厚度；丁砖内外竖砌2块，约合68厘米，在《简报》报道的墓墙厚度范围内。侧室亦采用同样的砌法，顺砖平砌小型平砖3块，约合45厘米，与《简报》报道的墓墙最小厚度一致；丁砖内外竖砌2块，约合58厘米，如果竖砌1块，后部平砌1块，则合44厘米，亦在《简报》报道的墓墙厚度范围内。事实上，墓墙外壁参差不齐的现象大量存在。

还有两点值得关注。1.在修建侧室时，拆下来的部分主室砖用在了侧室东壁，因此侧室东墙的厚度与主室墓墙主体一致。2.在加筑侧室时，不仅移动了妨碍工程的主室随葬器物，可能还一时拆除甬道东壁和甬道内口以东的主室南壁，复原时，主室南壁东部用小型平砖补砌，形成了与侧室南北壁同样厚度的墓墙。而且还漏砌了甬道南端东折的挡土墙。同时，为设置侧室甬道，保留了部分主室东壁作为侧室甬道的南壁，因此，侧室甬道南壁与主室其他四壁厚度一致。

以上虽是纸面上的推演，但不妨提供一个解决这一问题的新视角。此外，墓室内的设祭空间亦能为解决这一问题提供另外一个视角。

三、设祭空间所见墓葬的形制结构

东晋南朝大型单室墓墓内的设祭，总体上而言均位于棺前，部分往前延伸到甬道。设置由陶榻和陶案及生活用具组成的祭台，是东晋时期大型墓葬的特征。

该墓出土了大型陶榻2件，经修复基本完整，长124厘米，宽99.7厘米，高28厘米，形制规格完全一致，应该是同时制作的（参见本书图版一、二）。出土大型陶案几2件，一件经修复完整，长123.4厘米，宽34.5厘米，高27.2厘米（参见本书图版三）。另一件通过对残件的测量，形制规格亦与上一件完全一致（参见本书图

图七　南京江宁上坊孙吴墓出土青瓷坐俑

版四）。榻、案的组合使用，可参见南京江宁上坊孙吴晚期大墓出土的青瓷俑（图七）[①]。榻、案组合使用时，榻在后，供人坐卧，案在前，摆放餐饮用具，两者几乎等高等宽。南大北园东晋墓出土的陶榻和陶案，是专为随葬制作的仿漆木器家具，置于棺前用作祭台，只是榻上的主人变成了象征主人灵魂的三足凭几。两件陶榻规制一致，两件陶案规制一致，陶榻和陶案几乎等高等宽，这些现象无疑证明了这两组榻、案的组合性与共时性，它们分别是给主室内的两位墓主同时准备的。然而，当有第三者葬入时，这样的设祭空间发生了改变。

墓葬盗扰严重，多数器物都发生了位移，但是，笨重的陶榻、陶案虽然残碎，其分布的位置依然具有重要参考意义。据《简报》及所附遗物分布图，陶榻2（8042）残片主要分布在主室西南部的女棺前，基本符合原始位置。陶榻1（8041）的残片主要分布在主室东北部，这完全不符合设祭的理念，应该是加筑侧室之际为便于施工，将男棺前的陶榻移到了主室东北部空隙之地的结果。

在侧室加筑完毕葬入第三者后，需要重新布置墓内的设祭空间。或许是在移动过程中男棺前的陶榻已被损坏，更大的原因在于葬入第三者时的草率，移到主室东北部的陶榻并没有回归男棺前，依旧留在了主室东北部。不仅如此，营事人还利用

① 南京市博物馆、南京市江宁区博物馆：《南京江宁上坊孙吴墓发掘简报》，《文物》2008 年第 12 期。

了两件陶案，一件（8043-1、8043-2、8043-3）置于侧室甬道前或甬道中，为新葬入的第三者设祭，另一件（8043）置于甬道第一道门与第二道门之间，为葬入墓室的三人营建共同的祭台，弥补了男棺前没有祭台的缺陷。

众所周知，这是一座东晋帝陵，或者会问，对待帝后会如此草率吗？从下述祭台周围的遗物来看，确实是草率的。

主室西南部陶榻（8042）上及周边分布陶三足凭几2（8044-1）、陶瓢尊1（8046）、陶三足盘1（8047）、陶耳杯3（8051）、陶耳杯4（8051-1）、卧羊陶座（8055）、青瓷盘3（8069）、青瓷耳杯3（8070B2）、青瓷洗1（8071）、青瓷洗2（8072）、青瓷勺2（8073B）、青瓷灯2（8078）等，很明显是一组相对完整的设祭器具（也不排除部分器具原置于男棺前的可能）。这组器物中的青瓷器所呈现出来的网格纹饰带、铺首等装饰风格，均显示了西晋晚期至东晋初期的特征。

主室东北部陶榻（8041）残片周围，散布着陶三足盘 2（8047-1）、陶耳杯 2（8050-1）、青瓷盘口壶 2（8063）、青瓷六系罐（8066）、青瓷灯 1（8077）、青瓷灯 3 （8079）等，与设祭相关的器具相当少，甚至没有陶三足凭几，可见男棺前的设祭用品并没有全部被移到主室东北部，能利用的器具都挪用到了侧室甬道和主室甬道中去了。

侧室甬道及附近，利用了主室中两件陶案中的一件（8043-1、8043-2、8043-3）作为祭台，周边散布着陶三足凭几3（8045）、陶瓢尊2（8046-1）、陶三足盘3（8047-2）、陶耳杯1（8050）等，虽然器具残存不多，但显然也是一处设祭处。

葬入第三者后封闭甬道内的第二道门，面对墓内的三位葬者，在第二道门外设置了规格相对较高的祭台。由于两道木门之间的空间有限，因此祭台借用了主室中与陶榻组合的陶案1（8043），上置三足凭几1（8044），构成了设祭的基本内容。周边散布的陶瓷器有：陶盘1（8048）、青瓷耳杯2（8070B1）、青瓷鸡首壶1（8060）、青瓷盘口壶1（8062）、青瓷褐斑点彩四系壶（8064）、和青瓷四系盖罐（8065A、8065B）、青瓷盘1（8067）以及陶耳杯残片、陶盆残片、陶槅残片等。这组器物中，既有具西晋晚期到东晋初期装饰风格的青瓷器，同时也有稍后时期常见的青瓷器，可以认为是一组前后时代器物混杂的设祭组合，时代特征最晚的青瓷器，是该墓被彻底封闭的时间下限。

从上述墓葬用砖的异同及其造成的主、侧室墓壁厚度差异以及三组设祭器具的变动来看，侧室为后来因需要埋葬第三者而加砌似无疑义。

四、墓主身份的推定

经半个世纪以上的考古发掘和研究，六朝都城建康地区周围的墓葬等级问题已基本清晰，无须在此作过多说明[①]。关于南京大学北园东晋墓墓主，虽然有元、明、成、哀四陵之一[②]，元、明、成三帝之一[③]，元帝[④]等不同意见，但作为东晋前期的帝陵，自发掘以来就是学界的共识，其中最重要的依据就是甬道内设置两道墓门。

就目前较多的墓例而言，南京大学北园东晋墓、幕府山南京汽轮电机厂东晋墓、富贵山东晋墓，甬道内均设置两道木门。南朝尤其是齐、梁时期的帝陵，也无一例外地在甬道中设置两道门，只是木门换成了石门而已。东晋时期甬道内设置一道木门的，墓主身份有宗室成员和世家大族，南朝时甬道内设置一道石门的，通常都是宗室成员。这些问题的详细资料及相关讨论，可参见拙稿[⑤]。

关于东晋诸帝的葬地，唐人许嵩在《建康实录》卷八《穆皇帝》的最后作了总结："案，晋十一帝，有十陵，元、明、成、哀四陵在鸡笼山之阳，阴葬不起坟。康、简文、（孝）武、安、恭五陵在钟山之阳，亦不起坟。惟孝宗一陵，在幕府山，起坟也。"[⑥]许嵩是意识到了穆帝永平陵与其他诸陵在葬地、葬制上的不同，特意在此加上案语的。

鸡笼山诸陵，是元帝建平陵、明帝武平陵、成帝兴平陵和哀帝安平陵。钟山

---

① 主要可参见蒋赞初《南京东晋帝陵考》（初刊《东南文化》1992年第3、4期合刊。后收入其自选论文集《长江中下游历史考古论文集》，北京：科学出版社，2000年）、王志高《关于东晋帝陵的两个问题》（初刊《东南文化》2001年第1期，后收入其自选论文集《六朝建康城发掘与研究》）、王志高《六朝帝王陵寝述论》（原刊《南京晓庄学院学报》2004年第3期，后收入其自选论文集《六朝建康城发掘与研究》）、韦正《六朝墓葬的考古学研究》等。

② 见前引蒋赞初《南京东晋帝陵考》。

③ 罗宗真：《六朝考古》，南京：南京大学出版社，1994年。后出的《魏晋南北朝考古》称"可能是晋陵之一"，北京：文物出版社，2001年。

④ 李蔚然：《南京六朝墓葬的发现与研究》，成都：四川大学出版社，1998年。前引王志高《关于东晋帝陵的两个问题》。

⑤ 张学锋、陈刚：《孙吴、东晋的都城空间与葬地》，载夏炎主编《中古中国的都市与社会》（南开中古社会史工作坊系列文集 一），上海：中西书局，2019年，第25—88页。张学锋：《南朝建康的都城空间与葬地》，收入《中华文史论丛》2019年第3期，上海：上海古籍出版社，2019年，第77—111页。

⑥（唐）许嵩撰，张学锋、陆帅整理：《建康实录》卷八《穆皇帝》，南京：南京出版社，2020年，第126页。

诸陵，是康帝崇平陵、简文帝高平陵、孝武帝隆平陵、安帝休平陵（推定为南京富贵山大墓，1964年发掘）和恭帝冲平陵（1960年在富贵山南麓发现晋恭帝玄宫石碣）。元、明、成三帝是嫡长子继承，成帝临终前，权臣庾亮以国有强敌宜立长君为名，责令成帝将帝位传给了弟弟司马岳，即康帝。康帝在位仅三年，死时二十三岁。康帝死后，帝位并没有回到成帝一脉来，而是由康帝两岁的儿子司马聃即位，是为穆帝，康帝皇后褚氏以皇太后身份临朝称制。康帝崇平陵没有被安排在鸡笼山陵区，而是在蒋山之阳新辟了陵区，这样的行为，应当受到了皇统思想的影响，意在另建立起一个皇统来。

始于康帝的新皇统只维持了两代，穆帝死后因无子嗣，成帝长子司马丕继位为帝，是为哀帝。正像皇太后褚氏令文中所说的样，哀帝是“中兴正统，明德懋亲，昔在咸康，属当储贰，以年在幼冲，未堪国难，故显宗高让。今义望情地，莫与为比，其以王奉大统”[①]，故在鸡笼山之阳建哀帝安平陵，这正是鸡笼山陵区的元、明、成、哀四代，即“中兴正统”嫡长子继承制皇统的体现。

《建康实录》叙晋元帝建平陵称“在今县北九里鸡笼山阳”，明帝武平陵“在县城北九里鸡笼山阳，与元帝同”，成帝兴平陵“在县北七里鸡笼山阳，与元帝同处”，哀帝安平陵“在县北九里鸡笼山之阳，元帝同处”[②]。这里所说的“县”，是指唐上元县。明帝武平陵、成帝兴平陵、哀帝安平陵既然均“与元帝同处”，那么，叙述成帝兴平陵时所说的“七里”应该是“九里”之误。李吉甫《元和郡县图志》卷二十五《江南道一》叙述元、明、成、哀四帝陵均在上元县“北六里鸡笼山南”[③]，可见四陵同在一处，举目可望。

鸡笼山的主峰是今南京市偏北的北极阁，作为钟山的余脉，向西南一直逶迤到今北京西路和上海路交界处。由于历代地貌的变化，山体现已基本被削平，成为繁华都市的一部分，但高亢的地势依然明显。这一带从最东边的鼓楼冈开始，往西南经南京大学鼓楼校区北园北大楼（北园东晋墓所在地）、平仓巷与南秀村交汇处南侧的南京大学天文台，再到今南秀村西口，与周边原本就高亢的地势相比，显得更

① 《晋书》卷八《哀帝纪》，北京：中华书局，1974 年，第 205 页。

② 《建康实录》，第 82、90、112、130 页。

③ （唐）李吉甫撰，贺次君点校：《元和郡县图志》，北京：中华书局，1983 年，第 597 页。《元和郡县图志》所言“六里”或为唐里，《建康实录》所言“九里”或为东晋南朝里，两者不悖。

加突兀。鉴于发掘过程中确认的明代钟楼建于北园东晋大墓之上这一事实，是否可以推测，明代建设鼓楼时也应该利用了原有的高亢地势。换言之，利用了东晋帝陵所在的地点。西南方向的南大天文台、南秀村西口作为东晋帝陵所在的可能性亦可顺此推测。如此，在西南至东北直线距离大约500米的范围内的四座东晋帝陵，可以说是“同处”。

建立东晋的君臣来自琅邪国，元、明、成三帝的葬仪又都是在琅邪王导的主持下进行，因此，琅邪国一带的丧葬礼俗对东晋帝陵的选址及墓穴的排序应该有很大的影响。按照南京象山琅邪王氏家族墓的排序，尊者居前居左，即以西南为上。因此，从今南秀村西口、南大天文台、南大北大楼、鼓楼冈这些有可能是东晋四陵所在的位置来说，南大北园东晋墓不大可能是东晋第一代皇帝元帝的建平陵。

当然，以上只是据南大北园东晋墓周围地势产生的一个推测，缺乏坚实的论据。接下来我们再从南大北园东晋墓的最终形制结构这个角度，结合历史文献的记载，来推论该墓的三位墓主身份。

笔者曾通过文献记载推论该墓为晋成帝兴平陵，所葬者为晋成帝、杜皇后与周太妃[①]，但没有详细追究墓葬结构、随葬遗物与墓主的关系。吴桂兵在《南京大学北园东晋大墓的形制、墓主及其他——两晋偏室墓研究之一》中，基于墓葬形制及出土遗物，结合历史文献记载，赞成墓葬为成帝兴平陵说[②]。王志高在《南京大学北园东晋大墓的时代及墓主身份的讨论——兼论东晋时期的合葬墓》中，基于对随葬青瓷器的分组，通过对东晋帝后嫔妃关系的整理，力证该墓为晋元帝建平陵，入葬三人为晋元帝司马睿、虞皇后（孟母）与生下太子司马绍和琅邪王司马裒的荀氏[③]。然通观王文的论证过程，对史料的取舍过甚，虽可作为一说，但依然难以令人信服。

渠雨桐广泛收集了两晋时期后妃祔葬祔庙的文献资料，并在此基础上指出，南

① 张学锋：《東晋の哀帝——東晋中期の政治と社会》，《古代文化》（日本京都）第52卷第8号，2000年。中文修订稿《东晋的哀帝——东晋前中期的政治与社会》，收入《南京大学历史系考古专业成立三十周年纪念文集》，天津：天津人民出版社，2002年。后收入自选论文集《汉唐考古与历史研究》，北京：生活·读书·新知三联书店，2013年。

② 前引吴桂兵《南京大学北园东晋大墓的形制、墓主及其他——两晋偏室墓研究之一》，见本书附篇五。

③ 前引王志高《南京大学北园东晋大墓的时代及墓主身份的讨论——兼论东晋时期的合葬墓》，见本书附篇四。

大北园东晋墓作为晋元帝建平陵的可能性最大，但入葬的第三者并非荀氏，因为两晋时期后妃的祔葬情况存在很大差异，追赠皇后大多祔葬入庙，而追赠的侧妃则不具有与皇帝祔葬配食的资格[①]。

渠雨桐“两晋时期后妃的祔葬情况存在很大差异，追赠皇后大多祔葬入庙，而追赠的侧妃则不具有与皇帝祔葬配食的资格”这个结论没有太大问题。然而，面对南大北园东晋墓入葬三人的事实，渠雨桐在认可其为晋元帝建平陵、否认侧室所葬者为荀氏之后，也只能给出另外一个无奈的推测：“南大北园东晋墓不是元帝建平陵，墓主另有他人。由于墓葬历经多次盗扰，我们并不能根据现有考古证据及史料作出肯定的判断。”

渠雨桐对两晋后妃祔葬祔庙资料的整理，为我们认识这一问题的复杂性提供了很大的便利。通观相关史料，笔者仍然坚持当初的想法，南大北园东晋墓为晋成帝兴平陵，入葬三人为晋成帝司马衍、杜皇后、周太妃。

东晋第三代皇帝成帝司马衍（326—342年在位），五岁即位，死时只有二十二岁。皇后杜氏是西晋著名政治家、学者杜预之曾孙，当时名流杜乂之女，于咸康七年（341）先成帝而死，时年二十一岁，无子。贵人周氏为成帝生下了两位皇子，即后来的晋哀帝司马丕和晋废帝司马奕。周氏，汝南人，虽也出自当时的名族，然而是作为美女被选入成帝宫中的，因此在宫中的地位较低。周氏得到了成帝的宠爱，连续生下两位皇子，被拜为“贵人”。成帝死时，哀帝才两岁，废帝尚在襁褓之中。

按父子相承的原则，在成帝没有嫡长子的情况下，哀帝再幼小，其生母周氏也虽不是皇后，但仍然应该是皇位的合法继承人。然而，在权臣庾亮的安排下，司马丕却没有能够登上皇位，而由成帝之弟司马岳（343—344年在位）继成帝之后，是为康帝。两年后康帝卒，康帝之子司马聃继位，是为穆帝（345—361年在位）。升平五年（361）穆帝卒，无子，在褚太后和权臣桓温的安排下，成帝长子司马丕继位，即东晋哀帝。

哀帝即位后，有一个非常值得注目的行动，就是确认自己的皇统昭穆问题。尚书仆射江虨等人主张哀帝应作为穆帝之嗣，而王述、谢奉等人则赞扬成帝不私亲爱之举，主张哀帝应直接嗣于成帝。经过争论，多数意见赞成哀帝直接继承成帝，成

① 渠雨桐：《南京大学北园东晋大墓墓主身份再探——兼论两晋时期的后妃祔葬与祔庙问题》，《常州文博论丛》第 6 辑，北京：文物出版社，2020 年。

为“中兴正统”。这也是哀帝卒后葬于鸡笼山之阳，与元、明、成三帝同处的根本原因。

哀帝在位的四年（362—365年）中，与大臣们只有过一次争执，就是关于生母周氏的尊号问题。哀帝即位后，诏有司议论周氏的位号。桓温议宜称“夫人”，尚书仆射江虨议宜为“太夫人”，均比原来的“贵人”位份高得多。但哀帝仍然对此感到不满，最终排除了诸大臣的议论，诏崇周氏为“皇太妃”，仪服与太后同。皇太妃之号，东晋时期已经废除不用，而哀帝特地使这一古代的称号复活，用于自己的生母，在礼仪服御上一同皇太后，不得不说这是一个特例。哀帝继位后的次年三月，周氏在琅邪王第死去，哀帝特地为母亲前往琅邪王第奔丧，并力争将周氏的服丧期由三个月延长为一年。这次，在江虨的劝谏下，哀帝没有坚持。

正像渠雨桐总结的那样，两晋时期后妃的祔葬情况存在很大差异，原则上追赠皇后大多祔葬入庙，而追赠的侧妃则不具有与皇帝祔葬配食的资格，往往在太庙路西立“小庙”以示尊崇。《晋书》卷九十九《桓玄传》称，桓玄一时篡权后，撤毁晋小庙以广台榭，于是“其庶母蒸尝，靡有定所”[①]。可见，小庙里供奉的均是皇后（含追赠）以外的“庶母”，即获追赠的嫔妃。

东晋有关皇后以外嫔妃“葬”事记载的，仅见于《建康实录》，而且就是关于周氏的。《实录》卷八哀皇帝兴宁元年三月条：“皇太妃薨于琅邪第。”同卷七月条：“丁酉，葬皇太妃。妃姓周氏，汝南人，选入成帝宫，有宠，生帝及海西公，拜为贵人。帝即位，诏崇为皇太妃，仪服同于太后，而葬不祔陵庙。”[②]

启用了“皇太妃”名号，仪服同于太后的在位皇帝生母周太妃，死后是否能祔葬先帝陵墓？

《建康实录》的叙述中有一句话非常值得推敲，即“而葬不祔陵庙”。遍检六朝史籍，他处从未出现过“祔陵庙”或“不祔陵庙”的用词，而且在“诏崇为皇太妃，仪服同于太后”之后紧跟着“而葬不祔陵庙”的“而”字在文法上也难以解释。因此，此处做一个大胆推测，“而葬不祔陵庙”是“葬陵而不祔庙”之倒误。而且从周太妃薨亡到入葬，前后相差四个月，也许这正好是从朝廷上的礼仪争论到加筑侧室、匆忙入葬的时间。以上论述虽难免改字释义之嫌，但这能够很好地解释

① 《晋书》卷九十七《桓玄传》，第2597页。

② 《建康实录》，第129页。

南大北园东晋墓的各种考古学现象。

由此，南大北园东晋墓最有可能是东晋成帝兴平陵，入葬的三人分别是晋成帝、杜皇后、周太妃。主室的砌筑时间在公元342年左右，侧室的加筑时间为公元363年。

五、关于该墓出土的几种金属制品

南京大学北园东晋墓还出土了部分金属制品，以饰件为主。其中，桃形金叶片、花瓣形金叶片、圆形金饰片等是南京地区高等级东晋墓葬中常见的种类，但出土的镂金饰片及鎏金铜带具、长条形金饰品，发掘之初及《简报》撰写之际对它们的认识并不充分，今补述于下。

（一）镂金饰片（金冠饰金珰）

镂金饰片共发现4件。经光谱分析，主要成分为金，纯度很高，杂质成分有铜、银、铁、硅，皆微量。

镂金饰片1（8103，参见本书图版五十二），山形，顶部尖起，圆肩，内饰镂空蝉纹。边缘及纹样主线条上饰连续的粟粒纹及金珠。背面四周内折边缘呈锯齿状，残留漆痕。长4厘米，上宽3.9厘米、下宽3厘米。镂金饰片2（8102，参见本书图版五十三），方形，内饰兽面，边缘及纹样主线条上饰连续的粟粒纹，残留漆痕。背面四周内折边缘呈锯齿状。长3.2厘米，宽3.1厘米。镂金饰片3（8100，参见本书图版五十四），保存基本完整，山形，内饰纹样为近似侧身盘绕的龙形与卷草纹组合。边缘及纹样主线条上饰连续的粟粒纹及金珠。背部四周内折边缘呈锯齿状，残留漆痕。长3.9厘米，宽2.8厘米。镂金饰片4（8101，参见本书图版五十五），山形，内饰纹样为近似侧身盘绕的龙形与人形纹组合，与镂金饰片3对称。边缘及纹样主线条上饰连续的粟粒纹及金珠。背部四周内折边缘呈锯齿状，残留漆痕。长4厘米，宽2.8厘米。

《简报》关注到了与这4件镂金饰片同出的长条形金饰片、方形盝顶状铜盖片，鉴于这些金属饰件背后均残留漆痕，推测它们同属某件漆器上的装饰，并基于此推测想象这件漆器原应是一个长宽高各6.8厘米、厚1厘米左右的方形木胎漆盒。

在《简报》发表后的进一步整理中，研究人员意识到了将上述金属制品列为漆盒装饰的不妥，1975年编定器物登记号时，将4件镂金饰片命名为“金冠饰”。最新的藏品登录中，依据镂金饰片的主纹样，将镂金饰片1（8103）命名为“蝉纹金珰”，镂金饰片2（8102）命名为“兽面纹金珰”，将镂金饰片3（8100）、镂金饰片4（8101）命名为“神人乘龙纹金珰”。

这类镂金饰片的发现迄今所知已有十余例二十余件，除山东东阿曹植墓、辽宁北票冯素弗墓、敦煌新店台氾心容墓、江苏吴县张镇墓、鄂城六朝墓以及南大北园东晋墓等传统墓例外，山东邹城刘宝墓、南京仙鹤观高氏家族墓、南京郭家山温式之墓、山东临沂洗砚池墓、甘肃高台地埂坡墓、南京江宁上峰墓、邳州煎药庙晋墓等新发现屡见报道。出土这类镂金饰片的地点无一例外均为三国、两晋、十六国墓葬。

镂金饰片的研究，在沈从文①、孙机②之后，近二十年来亦屡见不鲜③，焦点大多集中在出土镂金饰片墓葬的等级及镂金饰片适用的身份、性别等问题上，虽然取得了不少成果，然而问题并没有完全解决。由于墓葬盗扰严重，加之黄金制品又是盗掘的重点对象，因此，镂金饰片的原始位置，不同形状镂金饰片的组合方式，不同形状、不同纹样镂金饰片的适用对象等问题，一时尚无法解决。即使同为山形蝉纹金珰，有关其尺寸大小、蝉纹形象差异、装饰手段以及制作工艺、适用对象等问题的探讨，依然留有巨大空间。

由于南大北园东晋墓是帝陵，因此，帝后适用金珰是可以确定的。此外，西晋刘宝、东晋张镇、东晋温式之、北燕冯素弗这几位时代与墓主身份明确的墓主，他们生前的官职均带有“侍中”或“散骑常侍”号，因此可以与文献所载“貂蝉”相互印证，侍中、散骑常侍是蝉纹金珰的适用对象。以下引数例以明其要。

1.侍中、散骑常侍的适用

《汉官仪》：“侍中，左蝉右貂，本秦丞相史，往来殿中，故谓之侍中。”

《后汉书・舆服志下》：“武冠，一曰武弁大冠，诸武官冠之。侍中、中常侍加黄金珰，附蝉为文，貂尾为饰，谓之‘赵惠文冠’。”④

《晋书・舆服志》：“武冠，……侍中、常侍则加金珰，附蝉为饰，插以貂

① 沈从文：《中国古代服饰研究》，香港：商务印书馆香港分馆，1981年。

② 孙机：《进贤冠与武弁大冠》，初刊于《中国历史博物馆馆刊》总第13、14期，1989年。后载其《中国古舆服论丛》，北京：文物出版社，1993年。

③ 如张学锋《山东临沂洗砚池晋墓墓主身份蠡测——以随葬品的考察为中心》（《文史》2008年第1辑）、韦正《金珰与步摇——汉晋命妇冠饰试探》（《文物》2013年第5期）、吴爱琴《古代冠蝉考释》（《中原文物》2013年第2期）等。

④ 《后汉书》志第三十《舆服志下》，北京：中华书局，1965年，第3668页。

毛，黄金为竿，侍中插左，常侍插右。”[①]

从以上数条记载中不难看出，东汉魏晋时期，“附蝉为纹”的金珰与貂尾匹配，是侍中、中常侍、散骑常侍的标志性冠饰。魏晋时期，侍中为门下之侍中省长官，三品，定员四人，但作为高官的加官则无员数限定。侍中可以随时出入宫闱，侍从皇帝左右，侍奉生活起居，出行则护驾。常侍是散骑常侍的简称，魏文帝初置散骑，合于汉代的中常侍，谓之散骑常侍，为散骑省长官，三品，位比侍中，定员四人，但作为加官亦无员数限定，侍从皇帝左右，谏诤得失，顾问应对。

2.宗室成员的适用

侍中和散骑常侍除作为高官的加官外，另一个重要的授予对象就是宗室成员。检索《晋书》中的宗室诸王公传可以发现，绝大多数宗室成员都带有侍中或散骑常侍的职号，不带者仅为极少数。通常情况下，与在位皇帝血缘稍疏远者，先拜次一级的黄门侍郎或散骑侍郎，然后依次升为散骑常侍，再升为侍中；而与在位皇帝血缘极近者，如子、弟、叔、侄之类，则直接授予散骑常侍，然后依次升为侍中。鉴于此，出土蝉纹金珰但墓主为未成年者，其身份可推测为宗室成员，典型者如临沂洗砚池1号墓。

3.皇帝的适用

《晋书·舆服志》载天子所戴通天冠：“其朝服，通天冠高九寸，金博山颜，黑介帻，绛纱袍，皁缘中衣。……高九寸，正竖，顶少斜却，乃直下，铁为卷梁，前有展筩，冠前加金博山述，乘舆所常服也。”[②]

天子在郊祀天地、明堂、宗庙或元会等重大礼仪的场合下，通天冠可以与黑介帻、平冕组合；同时，通天冠又是天子朝服的重要组成部分。所谓“金博山颜”“金博山述”，应该指装饰于通天冠正面的山形金饰片。传为唐人阎立本所绘的《历代帝王图》中，着冕服的吴主孙权、魏文帝曹丕、晋武帝司马炎、隋文帝杨坚的画像上，冠冕的正面都绘有山形冠饰，而晋武帝像和隋文帝像的山形冠饰中能够清晰地看出“蝉纹”的形象。因此可以推断，天子通天冠上的“金博山颜”就是山形“蝉纹金珰”。

上述三类适用蝉纹金珰者之外的情况相对复杂，有待今后的进一步探讨。

---

① 《晋书》，第768页。

② 《晋书》，第766页。

（二）鎏金铜带具

南大北园东晋墓出土的另一种金属制品（8091，参见本书图版六十一），《简报》名“错金铜片”，推测其亦为漆器的缘饰。然而，随着相关出土资料的增加及研究视野的夸大，这个命名及用途的推测有必要改正。

首先，经仔细辨认，铜片表面的金色不是错金，是鎏金。其次，其用途并非漆器缘饰，而是革带上的附属用具，本书将之命名为“鎏金铜带具”。

该墓出土的鎏金铜带具，《简报》报道三件，现存残件四件，均有残损。长条形，正面鎏金，錾刻缠枝花纹及葡萄纹（或荔枝纹）。两端及中端有相距3厘米左右的铆孔，部分尚存铆钉。背面平整，素面，未鎏金。残长3.2~8.8厘米，宽1厘米，厚约0.2厘米。

中国最早发现的这类金属带具，见于1931年发掘的广州大刀山东晋墓（太宁二年，324）[①]，但长期以来并未引起人们的重视。南大北园东晋墓出土的这4件，虽然《简报》予以公布，但因数量较少，残损严重，加之图片欠清晰，也没有得到相应的重视。1987年，武汉汉阳熊家岭14号墓出土了数量较多的金属带具，这批资料经整理1994年公刊后[②]，才引起长期以来关注金属带具研究的日本和韩国学界的重视。

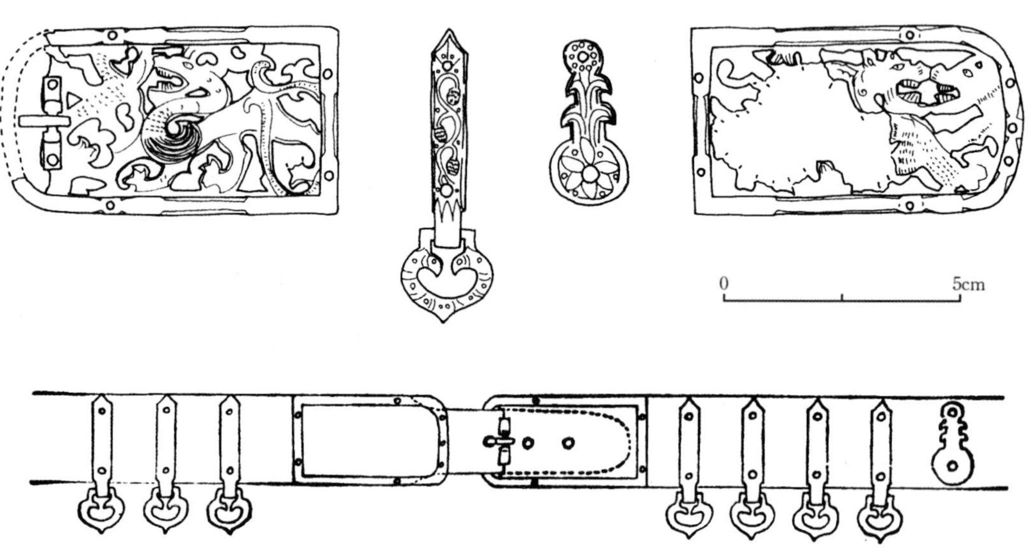

图八　武汉熊家岭晋墓出土金属带具（上）及复原示意图（下 刘森淼案）

① 胡肇椿：《广州市西郊大刀山晋塚发掘报告》，《考古学杂志》创刊号，黄花考古学院，1932 年。

② 刘森淼：《湖北汉阳出土的晋代鎏金铜带具》，《考古》1994 年第 10 期。

2002年，日本学者东潮来新成立的南京大学考古与艺术博物馆参观，在展柜中看到南大北园东晋墓出土的这件遗物，认定其为3—4世纪“晋式金带具”[①]。

武汉熊家岭14号墓是一座晋墓，出土的金属带具附件有10件：带扣，1件，透雕龙凤纹；带头，1件，透雕对虎纹；琵琶形莲花銙，1件，在六瓣莲花纹的圆座上装饰三叶卷草纹，其上部顶端亦呈圆形，长3.8厘米；圭形銙，7件，与心形垂饰相配，表面上雕出缠枝纹，间饰葡萄纹（或荔枝纹），枝茎的端部为波状纹或联点纹，铜片上有将其固定在革带上的两个铆孔，两孔相隔2.7厘米（图八）。

与武汉熊家岭晋墓出土金属带具的多种类相比，南大北园东晋墓仅见4件残损严重的圭形銙，但不难发现其形制、纹饰以及上下铆孔之间的间距，与熊家岭晋墓出土的几近一致，是金属带具无疑。

金属带具的形制有多样，但从考古出土的实物和部分馆藏品来看，其时代主要集中在两晋时期，因此又有“晋式带具”“晋式带扣”等名称[②]，日本、韩国学界则多称其为“晋式金属带具”。

晋式金属带具一般指由前部边缘呈弧状，后部边缘平直且透雕龙、虎、凤鸟等变形纹的长方形金属带扣、金属带头，与不同形状、不同纹饰的銙为主构成的金属制革带附件。这类金属带具均出土于中国两晋时期（265—420）及同时期周边地区的墓葬中，是由晋王朝确立的、样式独特的带具，是一种展现制度文化的服饰要素。晋式金属带具最初形成于中原王朝，并被分赐给周边的国家、集团，在这一过程中，晋式金属带具得以在东亚范围内广泛传播[③]。

然而，晋式金属带具虽然以西晋都城洛阳为中心分布，但有别于中原及三燕地区，带具中的圭形銙，迄今为止的发现仅见于中国南方地区的武汉、南京和广州，即武汉熊家岭晋墓、南京大学北园东晋墓和广州大刀山东晋墓。此外，1985年在韩国

① ［日］东潮：《晋式金带具与马韩、百济》（晋式帯金具と馬韓・百済），《地域与古文化》（地域と古文化），地域与古文化刊行会，2004年。

② 参见孙机《中国古代的带具》，收入其《中国古舆服论丛（增订本）》，上海：上海古籍出版社，2013年。又见其《我国古代的革带》，收入《文物与考古论集》，北京：文物出版社，1986年。

③ 参见［日］藤井康隆《中国江南六朝考古学研究》（中国江南六朝の考古学研究）第5章“晋式金属带具研究史”（晋式帯金具の研究史）、第6章“晋式金带具的发展过程”（晋式帯金具の動向）相关论述，东京：六一书房，2014年。

首尔郊区的梦村土城也发现过一例[①]。以上四例属同一系统，不仅出土圭形銙是其特点，且圭形銙上的纹饰亦相近，以缠枝纹配葡萄纹或荔枝纹为主要特征。首尔梦村土城被认定为马韩至百济前期的都城遗址，时代在三世纪末至四世纪。该遗址还出土了不少钱纹罐、青瓷器等两晋时期中国南方地区常见的手工业产品，可见当时与中国南方地区的交往相当频繁。梦村土城出土的圭形銙金属带具，亦当从中国南方所获。

南方系统晋式金属带具的研究，近期见有刘德凯《广州大刀山与武汉熊家岭东晋墓出土鎏金铜銙带的比较研究》一文[②]，通过对广州大刀山晋墓和武汉熊家岭晋墓所出銙带的比较分析，力图揭示两者在带具形制和组合等方面所具有的同一性。该文同样认识到，这种同一性，在两晋时期的金属带具中具有鲜明的地域特征，两者是晋式金属带具发展演变的一个支系，是两晋时期南方地区产生的新范式。这种新范式，一方面继承了西晋金属带具的制作工艺，另一方面在新的社会格局中，酝酿出了具有南方地域特征的支系。这种制作范式在带具形制上以圭形銙和琵琶形銙为显著特征，在纹样上创造了单瓣莲花纹和葡萄纹,在錾刻技法上出现了不同于其他晋式金属带具的加工方式。刘德凯的论述如果加上南大北园东晋墓和韩国首尔梦村土城出土的同类资料，则能更具说服力。

通过以上论述，南大北园东晋墓出土的鎏金铜饰片的性质得以大白，不仅如此，同墓出土的几件长条形金饰片（8082，参见本书图版五十六）的性质与用途亦可由此推定。

长条形金饰片现存5件，背面残留漆痕。4件完整者，长6.7厘米，宽0.3厘米，两端均有小孔，其中一个小孔内还保存有长0.9厘米的银合金铆钉。正面等距离留有圆形凹槽，用于镶嵌宝石类饰件。1件残损，残长3厘米，仅留两处圆形凹槽。长条形金饰片的一侧边缘和圆形凹槽周围饰粟米纹。这几件金饰片还有一个重要特征，就是长边的一侧明显向内弯折，可见是包裹器物边缘的条状饰件，即缘饰。综合这类长条形金饰片的长度，粟粒纹、镶嵌宝石等装饰，两端供固定的铆孔，合金铆钉等要素，推测其与鎏金铜带具一起作为革带上下缘装饰的可能性最大。

---

① ［韩］朴淳发：《汉城时期（早期）百济与中国交往之一例——对梦村土城出土金属带饰的考察》，收入南京师范大学文博系编《东亚古物（B卷）》，北京：文物出版社，2007年。相关的资料介绍亦可见上引东潮、藤井康隆的论著。

② 刘德凯：《广州大刀山与武汉熊家岭东晋墓出土鎏金铜銙带的比较研究》，《考古学集刊》第23集，北京：社会科学文献出版社，2020年。

三、蒋赞初先生回忆北园东晋墓的发掘

蒋赞初　口述

周　帅　整理

采访时间：2018年4月3日

采访地点：南京大学鼓楼校区考古与艺术博物馆

参与人员：南京大学人文社会科学荣誉资深教授蒋赞初先生、南京大学博物馆全体成员、南京大学历史学院考古文物系部分教师与硕士研究生

蒋先生首先介绍南大北园东晋大墓的相关情况，主要按照历史学院考古文物系张学锋教授拟定的采访提纲所列问题逐一解答。之后，蒋先生对北阴阳营遗址的发掘及福开森所赠馆藏文物的情况也进行了介绍。

1. 南京大学北园东晋大墓发掘的缘由及墓葬的具体位置

1972年4月，毛主席提出了“深挖洞，广积粮，不称霸”的号召，遵照毛主席的指示，南京也建设了很多防空洞。南京地下防空设施的主干线刚好通过我校北大楼前，那个地点地势比较高，原来是一处高昂的土丘。南大防空洞的大体走向是从现今东南楼西北侧开始（现在还存有一处出入口），通过东大楼门口、北大楼门口到西大楼，然后再从西南楼那里出来（现在也存有出入口）。最早还规划了一条支线，从北大楼到今天的消防支队。东晋大墓的位置就是从北大楼前草坪、西大楼东北角处往北然后右转，就是今天南大北园与消防支队西侧住宅的隔墙那里。

1972年，刚刚准备恢复大学招生，所有招的学生叫工农兵学员。当时包括我在内的大部分南大教师还在溧阳果园农场劳动，只有历史系少数几个人集中在西南楼从事《中国历史地图集》的编制工作，讨论的重点是中苏边界问题。不久，我也被调回来参加了地图编制工作。正是这个时期，北大楼前与西大楼防空洞开挖过程中发现了一处宋墓，这座宋墓出土了墓志（《南京大学文物珍品图录》中

有收录），考古人员邀请我去看现场。根据墓志的记载，我判定该墓的墓主人是王安石在南京做江宁知府时的一个手下，名叫王仁。我到达现场时，墓室券顶及墓壁的大部分已被挖掉，只剩下一个墓底，随葬器物只有一方墓志和一个釉陶罐以及几枚钱币。

2. 发掘的具体时间

发掘工作是从1972年的4月初开始的。

3. 参加发掘的工作人员

由于当时历史系在校的人员多忙于历史地图集的编制工作，因此，东晋大墓的发掘成员主要是学校行政部门的工作人员及尚未分配具体工作的新同志。由于大多是知识分子，没什么体力，因此发掘过程比较艰辛。当时的发掘工作主要由我和宣传部的车济炎主持。南京博物院考古组组长汪遵国同志也曾到现场指导了发掘工作。

4. 发掘过程中的轶事

当时东晋墓的上方压着一块一米四见方的巨大石柱础，估计重量有五吨。目前南京明故宫遗址出土的石柱础多见一米四、一米五见方，大报恩寺遗址的石柱础较为特殊，有两米见方，是目前所知最大规格的柱础。当时调用了起重机械，把压在墓上的石柱础移走了，因石柱础太重，也不好保存，后来也不知了去向。

这件石柱础与附近鼓楼的柱础基本一致，后确认这个地点曾是明朝钟楼的所在。因为后来在北京西路一号、二号之间发现了明朝的铸铜遗址，我们还查阅了部分历史文献，可以证明北园东晋大墓所在地就是明朝的钟楼所在。南大北大楼的位置古时被称为“北山”，从六朝开始就已成为南京北部地区一处重要的墓葬区，东晋大墓遭到后期的多次破坏，主要有北宋王仁墓和明朝钟楼等。

5. 墓砖纹饰情况

在侧室发现带有莲瓣纹的墓砖，其时代应属于南朝。

6.《简报》中公布的随葬物品都未标小件号，发掘当时是否每件器物都编了小件号

当时南京博物院放弃了（直接参与）南大北园东晋墓的发掘工作，主要工作由我带头开展。由于当时缺少专业人员，因此发掘没有完全按照田野发掘的规范进行。每天工作结束时将出土文物送往库房，我有空时再进行整理，补充编号，标明出土位置，并绘制器物草图。

7. 主室与侧室的用砖是否完全一致？《简报》中介绍的几种纹饰砖是否同时见于主室和侧室？主室和侧室的砖缝对接是否有特殊迹象？换言之，主室与侧室是否同时砌成？

主室与侧室砖当时观察是一致的，应该是同时建成的。

侧室内发现了若干南朝莲瓣纹砖，我建议在以后展览时要剔除（另外还有两件南朝青瓷器）。侧室的后角，被另一座南朝墓打破，因此混入了部分南朝砖及器物。由于当时库房面积有限，因此墓砖都未能保存下来。

8.《简报》推测主室内有两个大陶案作祭台之用，一件位于主室西南角，一件位于主室东北角。那么，从礼制上来看，在东北角设祭有没有依据？东北角的部分随葬品是否有可能是人工清理后堆放在那儿的？

未作相关回答。

9. 除可能混入的数件南朝遗物外，主室中的随葬器物与侧室中的随葬器物年代上是否存在较大差异？换言之，主室和侧室（的葬者）是否同时入葬？

主室与侧室是同时建成的。在侧室内发现了若干南朝莲瓣纹砖，侧室的后角在南朝时期被另一墓葬破坏，因此其中混入了南朝的墓砖及器物。

10. 是否还有《简报》中未能体现的信息？

南大北园东晋墓发掘完成后，南京博物院意识到这一发现的重要性，要求南大撰写发掘简报。我在较短的时间内完成了《简报》的撰写工作，刊发在《文物》1973年第4期上。

当时看到的情况全部如实记录在了《简报》中。有些出土文物在后来数次的搬移过程中部分器物破碎，可能导致部分碎片不慎遗失了，包括双鱼纹陶盆、陶熏、陶砚、龙虎座、石黛板。

四、南京大学北园东晋大墓的时代及墓主身份的讨论
——兼论东晋时期的合葬墓

王志高

南京大学北园（以下简称“南大北园”）东晋大墓[①]是与幕府山汽轮电机厂东晋大墓[②]、富贵山东晋大墓[③]规模相当的一座东晋时期大型重要墓葬。一般认为它是葬于鸡笼山之阳的东晋元、明、成、哀四陵之一。涉及具体墓主，学术界主要有元帝建平陵和成帝兴平陵两种不同观点[④]。但是限于条件，过去学者对这一重要论题一直未能展开论述。近年随着大量重要东晋墓葬资料的发表，特别是六朝帝王陵寝课题研究的开展，南大北园东晋大墓时代及墓主身份的复杂性和特殊性再次引起人们的兴趣和关注。本文即在前辈学者研究的基础上，检索文献并结合相关考古发现，对这一具体问题作了深入探讨，进而尝试分析了东晋时期合葬墓中值得注意的一些重要现象和一般规律。

一

（一）墓葬形制的时代特点

南大北园东晋大墓是一座双室砖墓，总长8.04、东西总宽9.9米，由墓门、长甬道、近方形主室、侧室甬道和长方形侧室等部分构成。此墓历史上虽遭多次破坏，然结构大体清楚，其中具有断代意义的主要有以下几个要素：

1. 甬道中设有木门

此墓主室甬道中设有二道木门。木门虽朽，但安置木门的凹槽仍在。南京地区六朝墓砖室甬道中设置木门的做法，不见于孙吴、西晋墓葬，最早出现在东晋早

---

① 南京大学历史系考古组：《南京大学北园东晋墓》，《文物》1973 年第 4 期。

② 南京市博物馆：《南京北郊东晋墓发掘简报》，《考古》1983 年第 4 期。

③ 南京博物院：《南京富贵山东晋墓发掘报告》，《考古》1966 年第 4 期。

④ 有关论述，可以参见蒋赞初《南京东晋帝陵考》，《东南文化》1992 年 3、4 期合刊；罗宗真《六朝考古》，南京：南京大学出版社，1994 年；李蔚然《论南京地区六朝墓的葬地选择和排葬方法》，《考古》1983 年第 4 期。

期，但在同时期北方曹魏、西晋大中型墓葬中除常见石门外，亦偶见设有木门[①]。显然，木门一类墓葬设施应是随晋室南渡而受中原影响的葬俗。木门的使用一直沿续到南朝刘宋初年。司家山永初二年（421）谢珫墓甬道中仍设有一道木门[②]。它的消失大约开始于刘宋中晚期，推测属这一时期的隐龙山三座大型南朝墓甬道中均已改木门为牢固的石门[③]。因此，从木门的设置看，此墓时代应为东晋至刘宋早期。

2. 主室墓顶推测为穹窿顶

此墓发掘时甬道和侧室券顶已坍塌，但尚可辨起券痕迹。主室四壁残存高度仅约1米，简报推测其顶为穹窿顶。根据墓葬形制的变化，南京地区大中型东晋墓可以分为早、中、晚三个时期，其中早中期的断限约在穆帝时期。此前盛行单室穹窿顶墓，老虎山永和元年（345）颜谦夫妇墓[④]、象山七号墓[⑤]、郭家山温峤墓[⑥]、咸和元年（326）墓[⑦]、永和三年（347）墓[⑧]等都属这一类型。而自穆帝永和晚期至升平年间起，穹窿顶单室墓基本绝迹，普遍代之以券顶结构，墓壁上仅设有凸字形或长方形小灯龛，不见此前常见的直棂假窗和羊角砖灯台。永和十二年（356）王康之夫妇墓[⑨]、永和十二年（356）高崧夫妇墓[⑩]、升平元年（357）李氏家族墓[⑪]、泰和二年（367）王企之墓[⑫]、泰和六年（371）王建之夫妇墓[⑬]等皆为

① 设有木门的曹魏墓例有山东东阿发掘的陈王曹植墓，见刘玉新《山东东阿县曹植墓的发掘》，《华夏考古》1999 年第 1 期；西晋墓例有洛阳孟津西晋 M177，此墓砖室甬道前段两壁砌有整齐的凹槽，应是为木门而设置的遗痕，见 310 国道孟津考古队《洛阳孟津三十里铺西晋墓发掘报告》，《华夏考古》1993 年第 1 期。

② 南京市博物馆等：《南京南郊六朝谢珫墓》，《文物》1998 年第 5 期。

③ 南京市博物馆等：《南京隐龙山南朝墓》，《文物》2002 年第 7 期。

④ 南京市文物保管委员会：《南京老虎山晋墓》，《考古》1957 年第 6 期。

⑤ 南京市博物馆：《南京象山 5 号、6 号、7 号墓清理简报》，《文物》1972 年第 11 期。

⑥ 南京市博物馆：《南京北郊东晋温峤墓》，《文物》2002 年第 7 期。

⑦ 南京市博物馆：《南京北郊郭家山东晋墓发掘简报》，《文物》1981 年第 12 期。

⑧ 南京市博物馆：《南京北郊郭家山东晋墓发掘简报》，《文物》1981 年第 12 期。

⑨ 南京市博物馆：《南京象山 11 号墓清理简报》，《文物》2002 年第 7 期。

⑩ 南京市博物馆：《江苏南京仙鹤观东晋墓》，《文物》2001 年第 3 期。

⑪ 南京市博物馆：《南京吕家山东晋李氏家族墓》，《文物》2000 年第 7 期。

⑫ 南京市博物馆：《南京象山 8 号、9 号、10 号墓发掘简报》，《文物》2000 年第 7 期。

⑬ 南京市博物馆：《南京象山 8 号、9 号、10 号墓发掘简报》，《文物》2000 年第 7 期。

此种结构[①]。因而，如果简报对此墓主室穹窿顶的推断不误，则其时代当属东晋早期，即为穆帝永和早年以前。

3. 主室一侧附设侧室

在墓室一侧或两侧附设侧室和耳室，这是江南孙吴、西晋时期多见的墓葬类型。耳室较小，其内葬物；侧室较大，其内葬人。附设侧室的墓例，可分两类。一类为前后室双室墓，前室一侧或两侧设一个、两个或多个侧室。设一个侧室的墓例有郭家山8号墓[②]、碧峰寺2号墓[③]等。设两个侧室的墓例有宜兴周墓墩5号墓[④]等。设多个侧室的墓例有西岗西晋墓[⑤]。此墓由甬道、前室、后室、东侧室、西侧一室、西侧二室六部分构成；一类为单室墓，主室一侧设有侧室。典型墓例有郭家山孙吴永安四年（261年）墓[⑥]。此墓为前带短甬道的单室穹窿顶砖室墓，主室一侧有一长方形侧室。有学者认为，设有侧室的多室墓因属多人合葬性质，故与一般双室墓比较，既不反映时代早晚，其规模大小亦与墓葬的等级制度无关[⑦]。但就南京地区而言，侧室附葬本身却具有鲜明的时代特点，东晋以后绝然不见这种墓葬形制，南大北园东晋墓是迄今为止南京地区发现的唯一附有侧室的东晋墓例。其形制与前述孙吴永安四年（261）墓有不少相似的地方，唯后者规模要小，主室甬道极短，侧室穹窿顶不设甬道。因此，附设侧室的南大北园东晋墓可以视为前期葬制在东晋早期的孑遗。

总之，从墓葬形制分析南大北园东晋墓的始建年代当为东晋早期，约在穆帝永和早年以前。

（二）随葬遗物的时代特点

南大北园东晋墓出土陶、瓷、金、银、铜、铁、玻璃、水晶等类遗物100余件（组）。这些劫后所余虽不能反映入葬时的全貌，但它们特别是其中的陶瓷器却具有鲜明的时代特点，是墓葬断代的重要依据。由于历史原因，发掘简报中所有

① 关于南京地区东晋墓形制及出土陶瓷器演变的规律，可参邹厚本主编、笔者所撰《江苏考古五十年》第五篇“三国、两晋、南北朝考古”第四、六章，南京：南京出版社，2000年，第301—302页，317—323页。

② 南京市博物馆：《江苏南京郭家山八号墓清理简报》，《华夏考古》2001年第1期。

③ 李蔚然：《南京六朝墓葬的发现与研究》，成都：四川大学出版社，1998年，第25页。

④ 南京博物院：《江苏宜兴晋墓的第二次发掘》，《考古》1977年第2期。

⑤ 南波：《南京西岗西晋墓》，《文物》1976年第3期。

⑥ 南京市博物馆：《江苏南京市北郊郭家山东吴纪年墓》，《考古》1998年第8期。

⑦ 齐东方：《三国两晋南北朝时期祔的葬墓》，《考古》1991年第10期。

遗物皆未附线图，但我们仍可据有关遗物的文字描述及不够清晰的少量文物图片去认知那些有代表性的遗物的时代[①]。在当时六朝墓葬资料公布有限的条件下，简报结语已经注意到此墓部分随葬遗物呈现早晚不同的特殊性，并将之甄别为“具有西晋风格的器物”和有“晚出的莲瓣纹装饰”的“个别瓷器”两类。这是难能可贵的。现在，我们根据器物造型、装饰风格将此墓部分可辨时代早晚的陶瓷器分为三组。

A组遗物数量最多，包括青瓷洗、三足灯、辟邪形烛台、双系盘口壶、四系罐以及陶质羊形烛台、陶盆等。其中青瓷洗、三足灯、双系盘口壶、四系罐器腹均模印圆形花瓣纹及网状纹饰带，并贴饰铺首、异兽等装饰，竖系上还有蕉叶纹。这些都是孙吴至东晋初年最为典型的瓷器装饰风格。需要说明的是，青瓷三足灯由灯盏、灯柱、承盘和三个熊足构成，同类器形还见于象山七号墓，而明显区别于东晋中期以后承柱粗矮，不设三足的造型。辟邪形、羊形烛台亦是六朝早期常见之物，不过羊形烛台多为瓷质，此墓却为稀见之陶质。其颔下有须的特点与象山七号墓一件青瓷羊形烛台如出一辙，而不同于此前羊形烛台无须、更加肥硕的造型。内饰双鱼纹的陶盆与长岗村5号墓[②]、卡子门吴末晋初墓[③]出土的铜洗极为神似，应是受早期铜器影响的模型明器。

众所周知，西晋虽然统一了全国，但短暂的统一并未改变南方旧有社会生活习俗。南京地区西晋墓与孙吴墓一脉相承，无论墓葬形制或出土遗物，都很难把它们区别开来。东晋政权在建康的逐步确立，虽然墓葬形制发生了突变，普遍以单室穹窿顶砖室墓代替曾经盛极一时的双室墓和多室墓，但对于作为南方先进工艺代表的日常生活用瓷器仍在使用，其器形和装饰几未改变，只不过舍弃了其中作为旧俗象征的灶、井及家禽家畜类模拟小明器和堆塑罐一类非实用类青瓷器。但是与此同时，东晋墓葬陶器又给人一种耳目一新之感，此前的那些家禽家畜和谷物储存加工用具类陶质明器概然不见，大量出现的是源于中原的和当时起居生活密切相关的凭几、案、盘、果盘、耳杯、勺、灯、砚等各种器具。因此，东晋初年生活器皿类和日用器具类瓷器如果不结合墓葬形制和陶器类别，很难把它与西晋墓葬瓷器区别开

① 承南京大学历史系水涛等先生帮助，2000 年夏笔者有缘观摩了南大北园东晋墓绝大部分出土文物。

② 南京市博物馆：《南京长岗村 5 号墓发掘简报》，《文物》2002 年第 7 期。

③ 南京市博物馆：《江苏南京卡子门外六朝早期墓》，《考古》1990 年第 11 期。

来[①]。故我们把A组遗物时代推定为两晋之交，但考虑到墓葬形制及墓内陶器类别，则其中大部分已进入东晋初年。

B组，遗物数量较少，包括青瓷鸡首壶、四系盘口壶等。四系盘口壶的最显著特征是其口、肩和腹部都饰有一周酱褐斑。饰酱斑的青瓷装饰方法在南京地区最早见于江宁上坊孙吴天册元年（275）墓一件酱斑小罐[②]。无独有偶，石闸湖西晋永宁二年（302）墓所见饰酱斑者亦为2件直口小罐，系间还压印有芝麻花纹[③]。但直到东晋以前，这种装饰方法仍属罕见，此后才逐渐增多。可以举证的东晋早期典型墓例有镇江象山红星大队M1[④]、谏壁王家山M1[⑤]两件青瓷羊形烛台器身和眼、鼻、肌肉突出部位皆饰酱斑。咸康六年（340）王兴之夫妇墓[⑥]一件盘口壶和香薰口沿亦饰有酱斑。南大北园东晋墓这件饰酱斑的盘口壶肩部仅饰弦纹，不见稍早的斜方格纹等装饰纹带，附4个半环式横系，而非更晚的桥形方系，时代特点比较明显。

鸡首壶是六朝时期最具时代特点的代表性器类之一。考古发现证明东吴、西晋时期流行两类鸡首壶。一类在大口圆腹罐肩部前后贴饰鸡首和鸡尾，称为鸡首罐，贴饰虎首者可称虎首罐。此类鸡首壶时代偏早。一类在盘口壶肩部贴饰无颈鸡首和鸡尾，亦见饰鹰首者。此类鸡首壶时代偏晚，始出现于西晋时期。东晋早期前类鸡首壶已经消失，而后类偶可发现[⑦]。如南京象坊村大兴二年（319）墓[⑧]、镇江丹徒咸康元年（335）墓[⑨]等都见出土。此后或差不多同时又新出现一种肩部堆塑有颈鸡首并设弧形长鋬的新型鸡首壶。镇江建筑水泥预制厂M1各出无鋬和有鋬鸡首壶一件[⑩]，就是东晋早期这两类鸡首壶共存关系的最好例证。而同样断为东晋早期的象山七号墓则仅出这种前塑鸡首、后连长鋬的鸡首壶。此类鸡首壶一

① 参见邹厚本主编、笔者所撰《江苏考古五十年》第五篇“三国、两晋、南北朝考古”第四、六章，第301—302页，317—323页。

② 南京市博物馆：《南京郊县四座吴墓发掘简报》，《文物资料丛刊》第8辑。

③ 南京市文物保管委员会：《南京板桥镇石闸湖晋墓清理简报》，《文物》1965年第6期。

④ 镇江博物馆：《镇江东晋墓》，《文物资料丛刊》第8辑。

⑤ 镇江博物馆：《镇江东晋墓》，《文物资料丛刊》第8辑。

⑥ 南京市文物保管委员会：《南京人台山东晋王兴之夫妇墓发掘报告》，《文物》1965年第6期。

⑦ 谢明良：《鸡头壶的变迁》，《艺术学》（台北）第7期，1992年3月。

⑧ 江苏省文物管理委员会：《南京象坊村发现东晋墓和唐墓》，《考古》1966年第5期。

⑨ 镇江博物馆：《镇江东晋墓》，《文物资料丛刊》第8辑。

⑩ 镇江博物馆：《镇江东晋墓》，《文物资料丛刊》第8辑。

经出现，便成为东晋以降鸡首壶造型的主流。鸡首壶錾的高低与时代早晚有关。一般认为东晋早期鸡首壶錾端几与盘口齐平，以后有随着时代逐渐高出盘口的趋势[①]。升平二年（358）王闽之墓中所见鸡首壶曲錾顶部已经稍高于盘口了[②]。南大北园东晋墓的这两件鸡首壶器表光素，錾端高度略与盘口持平，这是东晋早期有錾鸡首壶的标准型式。

南京地区东晋青瓷的演进要缓于墓葬形制的变新。东晋初年不少瓷器造型、装饰几与西晋无别，此后才普遍出现前述饰有酱斑、鸡首壶设曲錾等崭新因素，标志着东晋青瓷特色的初步确立。由于南京及其周围地区东晋早期纪年墓资料的匮乏，东晋青瓷特色真正确立的绝对年代目前尚难确知。过去刘建国先生曾对东晋青瓷进行过分期研究，他把东晋青瓷早、中期的分界划定在咸康八年（342）[③]。验之前文提及的镇江咸康元年（335）墓和咸康六年（340）王兴之夫妇墓瓷器出土情况，则刘先生的观点大体是正确的。如若进一步修定为成帝咸康年间，则更妥当。但我们为便于说明问题，仍把墓葬形制分期的穆帝永和晚期至升平年间作为东晋青瓷早中期的分界，那么可以成帝咸康年间为界将东晋早期青瓷分为前后两段。南大北园东晋墓A组遗物当属东晋早期前段，B组遗物当属东晋早期后段。

应该指出的是南大北园东晋墓中案、凭几、盘、耳杯、勺、果盘、灯、罐、砚、俑、熏、龙虎形（灯）座等大量陶器的分组问题。由于东晋时期陶器器形的变化没有瓷器那么明显，加之简报中有关文字说明也不够具体，事实上很难把它们按时代早晚分组。但从出土位置看，侧室内、侧室甬道口外陶器似属B组遗物，主室内及主室甬道内大部陶器似属A组遗物。

C组遗物包括六系罐、四系长腹瓶、莲瓣纹钵3件瓷器。后两件瓷器出于主室甬道前部，而六系罐则不知所出。其中茶黄釉瓷钵不仅釉色与墓中大多数青釉器不同，且其刻划的莲瓣纹亦较特殊，罕见于东晋时期。四系瓶直筒形长腹，近底外撇的造型不见于南京地区六朝墓葬，但于近年南京六朝建康都城考古南朝晚期地层及砖井中常有发现。肩部相隔设置桥形方横系和竖系的六系罐亦是东晋晚期至南朝所见器形。总之，这组遗物与其他两组相比时代相差悬殊，有恍若两墓之感。简报已

① 刘建国：《东晋青瓷的分期与特色》，《文物》1989 年第 1 期。

② 南京市博物馆：《南京象山 5 号、6 号、7 号墓清理简报》，《文物》1972 年第 11 期。

③ 刘建国：《东晋青瓷的分期与特色》，《文物》1989 年第 1 期。

经注意到这组遗物釉色、装饰和造型的特殊性。最早认识到这组遗物可能是后世混入的是韦正先生[①]。考虑到此墓多次被盗，特别是侧室后墙被另一座南朝墓破坏的情况，后代遗物混杂其中的可能性是存在的。与此情况类同，墓中所出少数平面模印八瓣莲花纹图案的长方形墓砖亦可能是他墓混入之物。又据主持发掘的蒋赞初先生面告，当初整理简报时确有意将这组遗物剔除。因此，在分析讨论南大北园东晋墓随葬遗物时代及墓主身份的时候，C组遗物可置不论[②]。

根据能够体现性别特征的铁刀、剑、金饰片、棺钉等随葬品位置，发掘简报推断主室后半部偏东置男性棺木，主室后半部偏西置一女性棺木，侧室所葬可能是另外一个女性。从近年发掘的保存完好的仙鹤观M2、M6看，这个推断无疑是正确的。前文分析的A组遗物主要分布在主室后半部分及主室甬道中，B组遗物主要分布在侧室甬道口外及主室甬道偏东部分。结合这两组遗物的断代，则主室内两位墓主当是东晋早期偏早阶段葬入，侧室内墓主当是东晋早期偏晚阶段葬入。主室甬道内遗物的归属情况比较复杂，绝大部分应属主室内两位墓主，只有偏东部分的少量遗物似属侧室墓主。主室甬道内发现的金饰片，有可能是从主室或侧室女性棺内漂移而出，但亦有可能是盗者扰至此处。

二

南京地区东晋时期大中型砖室墓葬甬道中多设有木门，木门的多少可能反映墓主的身份等级。安成太守颜谦夫妇墓、骑都尉颜綝墓[③]、湘南乡侯李缉夫妇墓、宜都太守李纂夫妇墓[④]乃至始安郡公温峤墓[⑤]甬道内都仅设一道木门。迄今为止，只有南大北园东晋墓、幕府山汽轮电机厂东晋墓、富贵山东晋墓三座大型东晋墓甬道内设有二道木门。因此，一般认为这3座大墓分别是葬于鸡笼山陵区、幕府山陵区、钟

① 见韦正先生博士研究生学位论文《长江中下游、闽广地区六朝墓葬的分区和分期》第24页，2002年。蒙韦正先生惠示其博士学位论文，特此致谢。

② 根据蒋赞初先生回忆，六系罐出土于远离墓底的主室甬道前部积土中，故墓葬遗物分布图中未绘其位置。如此，则C组的三件遗物均见主室甬道前部。可是，被另一座南朝墓破坏的是侧室之后墙，其内遗物一般情况下似乎不大可能会混入主室甬道前部。所以C组遗物仍有进一步讨论之必要。

③ 南京市文物保管委员会：《南京老虎山晋墓》，《考古》1957年第6期。

④ 南京市博物馆：《南京吕家山东晋李氏家族墓》，《文物》2000年第7期。

⑤ 南京市博物馆：《南京北郊东晋温峤墓》，《文物》2002年第7期。

山陵区的三座帝陵[①]。这一推论还得到了南朝墓葬材料的支持。已经发掘的可确定墓主身份的桂阳简王萧融夫妇墓[②]、桂阳敦王萧象墓[③]、临川靖惠王萧宏墓[④]等梁代宗室王侯墓及陈义阳郡公黄法氍墓[⑤]等重要异姓功臣贵族墓砖室甬道内亦仅设一道石门，甬道中设有二道石门的南京西善桥罐子山南朝大墓[⑥]及丹阳胡桥、建山三座南朝大墓[⑦]均被考定为陈、齐两朝的帝王陵墓。帝王陵墓砖室甬道中设二道墓门（木门和石门）可能是东晋、南朝一以贯之的陵寝制度。至少到目前为止，还没有发现一例东晋、南朝墓来否定这一推论。《建康实录》等文献记载，除废帝司马奕葬吴县吴陵外，其余东晋10帝均葬建康，分布于三个陵区，其中元、明、成、哀四陵葬鸡笼山之阳，康、简文、孝武、安、恭五陵葬钟山之阳，唯穆帝葬幕府山之阳。依据山势走向，明代以前的鸡笼山当包括今鸡鸣寺山、北极阁以及西侧毗邻的鼓楼岗一线。但是因为此前系宫城所在，则四陵当偏于鸡笼山之西部[⑧]。今南大北园东晋墓正处这一范围之内，且在山阳，砖室规模宏大，甬道中又设二道木门，故学术界认为它属元、明、成、哀四陵之一是理所当然的。

四陵之中的哀帝安平陵建于兴宁三年（365）[⑨]，时为东晋中期以后。而据前文分析，南大北园东晋墓始建年代在东晋早期，墓内最晚的一组遗物仍在东晋早期偏晚阶段，故哀帝安平陵的可能性可以排除。

明帝司马绍卒于太宁三年（325）闰八月，其年九月葬武平陵。他的皇后庾氏三年后于咸和三年（328）三月在苏峻之乱中崩亡，四月合葬于武平陵[⑩]。从时间段上看，这两人都亡葬于东晋早期，似有可能是主室墓主。但明帝享国日浅，在位不到4

① 蒋赞初：《南京东晋帝陵考》，《东南文化》1992年3、4期合刊。

② 阮国林：《南京梁桂阳王萧融夫妇合葬墓》，《文物》1981年第12期。

③ 南京博物院：《梁朝桂阳王萧象墓》，《文物》1990年第8期。

④ 南京市博物馆等：《江苏南京白龙山南朝墓》，《考古》1998年第12期。

⑤ 南京市博物馆：《南京西善桥南朝墓》，《文物》1993年第11期。

⑥ 罗宗真：《南京西善桥油坊村南朝大墓的发掘》，《考古》1963年第6期。

⑦ 南京博物院：《江苏丹阳胡桥南朝大墓及砖刻壁画》，《文物》1974年第2期；《江苏丹阳县胡桥、建山两座南朝墓葬》，《文物》1980年第2期。

⑧ 李蔚然：《论南京地区六朝墓的葬地选择和排葬方法》，《考古》1983年第4期。

⑨ 以下关于东晋诸帝后及其陵墓的基本情况，如果不特别加注，皆引自《晋书》各帝本纪及《晋书》卷三十二《后妃下》。

⑩ 《晋书》卷六《明帝纪》，北京：中华书局，1974年，第165页；同书卷七《成帝纪》，第172页。

年，除庾氏外未见其他宠幸后妃的记载。他的两个儿子成帝司马衍、康帝司马岳虽先后登极称帝，但俱庾氏所出，似无其他妃嫔因母以子贵祔葬武平陵之可能。这与南大北园东晋墓侧室女性祔葬的情况明显不符，故明帝武平陵的可能性亦可排除。

再看成帝兴平陵。成帝皇后杜氏于咸康七年（341）三月卒，四月入葬兴平陵。成帝崩葬兴平陵则在次年七月。这个时间正属东晋早期偏晚阶段，与B组遗物时代相合，然东晋初年的A组遗物不好解释。这是其一。其二，成帝亦无其他后妃祔葬侧室的可能。史载皇后杜氏无子，成帝的两个儿子哀帝司马丕和废帝司马奕均其宠幸的贵人周氏所出。但因成帝死时，这两人均年在幼冲，执政的成帝舅族庾冰恐易世以后，亲属疏远，故以国有强敌为由逼劝成帝宜立长君，乃以其弟司马岳为嗣，是为康帝。直到近20年以后，才又因康帝子穆帝没有子嗣，哀帝兄弟方先后入继大统。哀帝继位后即尊生母周氏为皇太妃。兴宁元年（363）三月，皇太妃周氏薨于琅玡王第。哀帝出奔母丧，内外众务交司徒、会稽王司马昱总理，并欲为周氏服重，但大臣江虨以“厌屈私情”为由加以谏止[①]。周氏虽位号不极，但葬礼大概办得极为隆重，因为直到这年七月周氏才正式入土安葬。长达4月的葬期，这在东晋一朝可称得上空前绝后。但如若周氏只是祔葬兴平陵，则恐怕不需如此之长时间。所以皇太妃周氏没有入葬兴平陵大致可以肯定。《建康实录》卷八就明确记载周氏虽“仪服同于太后，而葬不祔陵庙”。（重点号为笔者所加，下同）那么，南大北园东晋墓就只剩元帝司马睿建平陵唯一一种可能了。永嘉元年（307）九月,琅玡王司马睿用王导计以安东将军、都督扬州江南诸军事身份督镇建康[②]，开始经营江东。就在这一年，他的母亲琅玡王太妃夏侯氏薨于江左，但司马睿为之归葬琅玡国[③]。这大约是因为司马睿之父琅玡恭王司马觐先前葬之封国的缘故。永嘉六年（312），司马睿之妃虞氏卒，此时江东归心已久，故虞氏葬在建康。建武元年（317）三月，司马睿即晋王位，追尊虞氏为王后。当时有司上奏要为虞氏别立寝庙，但司马睿不许。他说：“今宗庙未成，不宜更兴作，便修饰陵上屋以为庙。”[④]这是虞氏

① 《晋书》卷三十二《后妃传下·章周太妃》，第974页。

② 《资治通鉴》卷八十六《晋纪八》怀帝永嘉元年（307）条，北京：中华书局，1956年，第2729页。

③ 见《晋书》卷三十一《后妃传上·元夏侯太妃》，第969页。但《晋书·元帝纪》记载与之略有不同：“属太妃薨于国，自表奔丧，葬毕，还镇。”称王太妃薨于琅玡国。第144页。

④ 《晋书》卷三十二《后妃传下·元敬虞皇后》，第971页。

初葬时的情况。大兴元年（318）三月，司马睿正式即皇帝位。大兴三年（320）八月又册赠虞氏为皇后，祀以太牢，神主“祔于太庙，葬建平陵”。永昌元年（322）闰十一月，司马睿崩于内殿，次年二月葬于建平陵。由上可知，建平陵内合葬有元帝和追尊的皇后虞氏。虞氏初葬尚是西晋永嘉年间，但其迁葬及元帝入葬建平陵已在东晋初年。然则建平陵中至少应包含永嘉六年（312）、太兴三年（320）、太宁元年（323）这3个时间段遗物。这与南大北园东晋墓中数量最多的A组遗物多属两晋之交，且部分瓷器颇具西晋风格的情况完全相符。

现在关键的问题是要推定侧室葬人的身份。从文献记载看，除皇后虞氏外，元帝还有两位后妃与之关系密切。这两位女性分别是明帝司马绍生母荀氏和简文帝司马昱生母郑氏（明帝和简文帝分别是元帝长子和少子）。

先看郑氏。郑氏讳阿春，建武元年（317）纳为琅琊王夫人后甚受宠幸，生琅琊悼王焕、简文帝和寻阳公主。元帝死后，《晋书·简文宣郑太后传》说郑氏称为建平国夫人，但据《太平御览》卷一三八引《晋中兴书》郑氏称建平园夫人。按建平国夫人名出无考，而郑氏称建平园夫人却有两种可能。其一，明帝继位后，郑氏可能出居建平园。建平园始建于孙吴，是建康宫城后皇家宫苑。苏峻乱后，建康宫阙灰烬，成帝就一度以建平园为宫。以居处的宫室称后妃名号乃是东晋常例。如康帝褚皇后居崇德宫，后被尊称崇德太后。又如被尊为皇太后的孝武帝生母李氏亦称崇训宫；其二，建平乃元帝陵号，以先帝陵号称后亡之妃亦有旧典可查。如晋武帝皇后杨芷在武帝崩后被尊为皇太后，但不久被擅权干政的惠帝贾皇后诬与其父杨骏同逆。有司秉承贾氏之意奏称“宜废皇太后为峻阳（峻阳即为武帝陵号）庶人”[①]。“国”“园”二字，字形相近，传抄致误是可以理解的，当以《晋中兴书》称建平园夫人为是。

咸和元年（326），郑氏薨。司马昱为其母服重，郑氏被追尊为会稽王太妃。司马昱即位后郑氏未得更高名号之赠。但是太元十九年（394），简文帝司马昱之子、孝武帝司马曜却对他的这位已崩亡多年的庶祖母郑氏一再尊崇有加，首先下诏“上太妃尊号曰简文太后”[②]，次年二月又为之立寝庙于太庙路西。甚至一度动议郑氏

① 《晋书》卷三十一《后妃传上·武悼杨皇后》，第955页。

② 追尊郑氏为简文宣太后的时间，《晋书》卷九《孝武帝纪》和《资治通鉴》卷一百八孝武帝太元十九年（394）条均记为太元十九年（394）六月壬子，但《宋书·礼志三》却记为太元十九年（394）二月，可能有误。

神主迁太庙配食元帝并欲开墓与元帝合葬[1]，但却引来一片反对之声。国学助教臧焘认为郑氏"尊号既正，则罔极之情申，别建寝庙，则严祢之义显，系子为称，兼明母贵之所由，一举而允三义"，故应"摹二汉不配之典"[2]。太子前率徐邈亦认为郑氏"平素之时，不伉俪于先帝，至于子孙，岂可为祖考立配？其崇尊尽礼，由于臣子，故得称太后，陵庙备典。若乃祔葬配食，则义所不可"[3]。故郑氏终未移葬建平陵中。她的陵号，《晋书·简文宣郑太后传》明确记为嘉平陵。在东晋一朝，像郑氏这样虽因母以子贵尊为太后，但并未与先帝合葬的还有孝武帝生母李太后，她于隆安四年（400）崩后葬修平陵。又有安、恭二帝之母陈太后葬熙平陵（表一）。李氏和陈氏神主均祔于简文宣太后郑氏寝庙之中。

郑氏祔葬建平陵的可能性既然已被排除，那我们只能无可选择地讨论荀氏。而从有关线索看，荀氏确有这种可能。荀氏系边地燕代之人，以微贱入宫，初为元帝宫女。她的基本情况，《晋书·豫章君传》有比较详细记载：

> 初有宠，生明帝及琅玡王裒，由是为虞后所忌。自以位卑，每怀怨望，为帝所谴，渐见疏薄。及明帝即位，封建安君，别立第宅。太宁元年，帝迎还台内，供奉隆厚。及成帝立，尊重同于太后。咸康元年薨。诏曰："朕少遭悯凶，慈训无禀，抚育之勤，建安君之仁也。一旦薨殂，实思报复，永惟平昔，感痛哀摧。其赠豫章郡君，别立庙于京都。"[4]

又《太平御览》卷二百二引《晋中兴书》曰：

> 肃祖太妃豫章恭惠君荀氏初以微入宫，生肃祖。中宗以母贱命虞妃母养肃祖，而出嫁荀为马氏妻。太宁元年马氏无疾而卒。肃祖迎母还宫养，称建安君。追赠豫章君，谥曰恭惠。

由上可知，荀氏尽管生了太子司马绍和琅玡王裒，但在元帝生前地位不高，甚至一度出宫下嫁人妻，她的两个儿子也都是虞妃代为母养。司马绍继位后，她的境遇才有较大改善。咸和二年（327）十月，苏峻、祖约共同起兵叛乱，次年二月建康

① 《晋书》卷二十一《礼志下》："孝武追崇会稽郑太妃为简文太后，诏问'当开墓不？'王珣答：'据三祖追赠及中宗敬后，并不开墓位，更为茔域制度耳。'"第658页。

② 《宋书》卷五十五《臧焘传》，北京：中华书局，1974年，第1544页。

③ 《晋书》卷三十二《后妃传下·简文宣郑太后》，第980页。

④ 荀氏被尊为建安郡君的时间，《晋书》卷六《明帝纪》载为永昌元年（322年）闰十一月庚寅日，即明帝登基之日。

失守。成帝被逼迁至石头城以仓屋为宫。这时的成帝尚是年仅8岁的儿童，他的母亲皇太后庾氏又因乱兵逼辱忧崩，故此离难之际，荀氏于成帝实有抚育之恩[①]。咸康元年（335），成帝已加元服亲政，对他的这位有血亲关系的庶祖母的崩亡，成帝“感痛哀摧”，并“实思报复”，于葬礼上极可能逾越了常制。除为其立庙于京都外，可能还别有动作，那就是开元帝建平陵为荀氏祔葬。

表一　东晋陵墓一览表

陵 号	陵 主	卒 年	葬 年	陵 地
建平陵	虞皇后（孟母）	永嘉六年（312）	太兴三年（320）八月	鸡笼山之阳
	元帝（睿）	永昌元年（322）闰十一月	太宁元年（323）二月	
武平陵	明帝（绍）	太宁三年（325）闰八月	太宁三年（325）九月	鸡笼山之阳
	庾皇后（文君）	咸和三年（328）三月	咸和三年（328）四月	
兴平陵	杜皇后（陵阳）	咸康七年（341）三月	咸康七年（341）四月	鸡笼山之阳
	成帝（衍）	咸康八年（342）六月	咸康八年（342）七月	
崇平陵	康帝（岳）	建元二年（344）九月	建元二年（344）十月	钟山之阳
	褚皇后（蒜子）	太元九年（384）六月	太元九年（384）七月	
永平陵	穆帝（聃）	升平五年（361）五月	升平五年（361）七月	幕府山之阳
	何皇后（法倪）	元兴三年（404）七月	元兴三年（404）八月	
安平陵	哀帝（丕）	兴宁三年（365）二月	兴宁三年（365）三月	鸡笼山之阳
	王皇后（穆之）	兴宁三年（365）正月		
敬平陵	废帝庾皇后（道怜）	太和元年（366）五月	太和元年（366）七月	
高平陵	王皇后（简姬）	永和四年（348）	咸安二年（372）十月	钟山之阳
	简文帝（昱）	咸安二年（372）七月	咸安二年（372）十月	
隆平陵	王皇后（法慧）	太元五年（380）九月	太元五年（380）十一月	钟山之阳
	孝武帝（曜）	太元二十一年（396）九月	太元二十一年（396）十月	

① 苏峻之乱中，于成帝有抚育之恩的还有琅玡王司马衮妃山氏。后来山氏一舅羊聃罪当重法，成帝亦念及山氏旧恩原其生命。见《晋书》卷四十九《羊曼传》，第1384页。

陵 号	陵 主	卒 年	葬 年	陵 地
吴陵	庾皇后（道怜）	太和元年（366）五月	太元十一年（386）	吴县
	废帝（奕）	太元十一年（386）十月	太元十一年（386）	
嘉平陵	简文帝母 郑太后（阿春）	咸和元年（326）	太元十九年（394）六月	
熙平陵	安、恭二帝母 陈太后（归女）	太元十五年（390）	隆安三年（399）三月	
修平陵	孝武帝母 李太后（陵容）	隆安四年（400）七月	隆安四年（400）八月	
休平陵	王皇后（神爱）	义熙八年（412）八月	义熙八年（412）九月	钟山之阳
	安帝（德宗）	义熙十四年（418）十二月	元熙元年（419）正月	
冲平陵	恭帝（德文）	永初二年（421）九月	永初二年（421）九月	钟山之阳
	褚皇后（灵媛）	元嘉十三年（436）七月	元嘉十三年（436）	

然而，当初建平陵营建时元帝绝无可能为位卑的荀氏预留棺位。故咸康元年（335）荀氏崩后，成帝只能在主室一侧另开侧室祔葬。可是陵内已先行葬入了虞氏和元帝，所以侧室砌筑之前必须先将元帝和虞皇后的梓棺和葬物暂时移出。此类帝族移葬和迁柩在东晋也是有例可循的。例如太和元年（366）五月，废帝司马奕庾皇后崩亡，当时司马奕尚在位上，故庾氏于七月葬敬平陵①。可是不久司马奕被废。太元十一年（386），废居吴县多年的司马奕死亡，庾氏梓棺则从敬平陵中移出至吴地与废帝合葬于吴陵②。又如泰始四年（468）夏，刘宋孝武帝生母路太后修宁陵顷年颓坏，有司奏称："修宁陵玄宫补治毁坏，权施油殿，暂出梓宫，事毕即窆，于事为允。"诏可③。这虽是刘宋时期的例证，但于东晋可资参照。

综此，我们认为南大北园东晋墓极可能是元帝建平陵，主室内后部东西所葬分别是元帝和虞皇后，而侧室葬人可能是明帝生母荀氏。荀氏葬于咸康元年（335），

① 《晋书·废帝纪》、《资治通鉴》卷一百一海西公太和元年（366）条以及《建康实录》卷八均载庾氏崩于太和元年五月，七月葬敬平陵。唯《晋书·废帝孝庾皇后传》记庾氏太和六年（371）崩，葬敬平陵，实误。

② 《晋书》所载有陵号的东晋14座帝后陵墓均以"平"命名。如果司马奕不废，死后当与庾皇后合葬敬平陵。可是，司马奕死前早已废为海西县公，依制是不当有陵号的。所以"吴陵"可能只是史书对司马奕墓葬的俗称，而非正式命名。

③ 《宋书》卷四十一《后妃传》，第1288页。

时值东晋早期偏晚阶段，正与B组遗物时代吻合。如此推断不误，我们还可进一步就南大北园东晋墓的入葬过程作些推测。大兴三年（320）八月，被追封的虞氏首先移葬此墓。太宁元年二月（323），元帝入葬其中。A组遗物应是随虞氏和元帝先后入葬墓内的。咸康元年（335），成帝先行暂出元帝和虞氏棺物，辟侧室祔葬了与其有抚育之恩的庶祖母荀氏。B组遗物当是咸康元年（335）随荀氏入葬墓内的。可是棺物重窆时，由于侧室甬道口外要置放祭奠荀氏的中型陶案诸物，故墓内原祭元帝的大型陶案只能违例移置棺后的主室东北角，祭奠虞氏的大型陶案仍置原来所在的主室西南角。

三

一般认为，中小型墓的夫妇同室合葬首先在中原地区西汉中期出现，边远地区要在西汉晚期方始流行，而诸侯王、列侯等大型贵族墓晚至新莽以后才见同室（砖室）合葬，帝王陵当更晚[①]。前文介绍的南京及其周边地区吴、西晋时期附设侧室的多室墓都属同室合葬墓，其中宜兴周墓墩M5、南京西岗西晋墓二例属家族性质的多人合葬，而其它只设一个侧室的墓例则多属夫妇同室合葬性质。除此以外，这一时期最为常见的那种不设侧室的前后室双室墓亦有不少明确是夫妇同室合葬。可举二例，马鞍山东吴右军师、左大司马朱然墓前后室就各置一黑漆木棺。后室棺大，随葬品丰富，推测是朱然葬具。前室棺小，推测是其妻妾葬具[②]；江宁官家山另一座西晋太康六年（285）墓，后室内亦发现陈设有两具木棺[③]。虽然东晋、南朝墓葬形制较此前发生了较大变化，但夫妇同室合葬这一重要葬俗在整个六朝则因袭不衰。

东晋以降，平面呈“凸”字形的单室墓成为南京地区六朝砖室墓的主流。1949年后，南京地区东晋墓中出土了为数不少的砖石墓志，使我们得以对这一时期夫妇同室合葬的一般规律获得比较清晰的认识。从考古发现看，这一时期砖室合葬墓主要有夫妇3人同室合葬和夫妇2人同室合葬两类情况。

前者数量较少，可以象山M7和吕家山M2为例。象山M7是一座大型单室穹窿顶砖墓。尽管墓内没有出土能够明确墓主身份的墓志，但此墓保存十分完好，墓内

① 韩国河：《试论汉晋时期合葬礼俗的渊源及发展》，《考古》1999年第10期。

② 安徽省文物考古研究所等：《安徽马鞍山东吴朱然墓发掘简报》，《文物》1986年第3期。

③ 南京市博物馆：《江苏江宁官家山六朝早期墓》，《文物》1986年第12期。

积土仅8—15厘米，随葬遗物大多保留了入葬时的原始位置，因而可以通过随葬品分布、类别来探讨墓主数量、性别和棺位等。发掘简报推断主室内平行纵陈三具木棺。中央见有铜刀、玉带钩、铜弩机等代表男性身份的遗物，当置男棺。左右两侧均见金银钗、簪，金铃、玛瑙、琥珀、水晶珠及釉陶小壶等代表女性身份的遗物，当置女棺。吕家山M2是一座中型单室券顶砖墓。主室内宽虽仅2～2.15米，但据出土墓志其内却葬有宜都太守李纂及其夫人武氏、何氏3人。虽然此墓早年曾遭盗扰，许多遗物可能已移动了位置，但据甬道前部出土的3方墓志仍可看出男性居中，女性分居两侧的现象。南大北园东晋墓主室后部东侧置男棺，主室后部西侧置女棺，主室东侧侧室葬另一女性。如果把此侧室视同主室东部之附加结构，则此墓亦符合夫妇3人同室合葬男棺居中的规律。

后者数量多，有仙鹤观M2、M6，司家山谢球夫妇墓[①]，象山王氏家族墓地的王兴之夫妇墓、王建之夫妇墓、王康之夫妇墓等墓例。吕家山M1虽仅出土湘南乡侯李缉一方砖志，但此墓斜坡墓道底部发现了因墓主先后入葬而形成的高低两层坡面的现象，可以肯定是一座合葬墓，合葬者当是李缉及其夫人陈氏。仙鹤观M2从墓志及棺内遗物出土情况看，东侧木棺所葬为建昌伯高崧，西侧木棺所葬为其夫人谢氏。仙鹤观M6与M2情况相同，墓室内亦发现两具木棺遗痕，东侧木棺内出铜砚、鎏金铜砚滴、玉具铁剑、组玉佩等代表男性身份的遗物，所葬应为男性。西侧木棺内出釉陶小壶、大量金银饰件等代表女性身份的遗物，所葬应为女性。南大北园东晋墓如前考述侧室为后来加砌。如果不考虑侧室因素，则主室内墓主亦男棺在东，女棺在西。以墓葬南向为例，夫妇2人同室合葬墓中男性居东、女性居西是不是当时葬制规定呢？晋贺循《葬礼》说："至墓之位，男子西向，女人东向。先施幔屋于埏道北，南向。柩车既至，当坐而住。遂下衣几及奠祭。哭毕柩进，即圹中神位。既窆，乃下器圹中。荐棺以席，缘以绀缯。植翣于墙，左右挟棺，如在道仪。"[②]所谓"男子西向"，则其在东，"妇人东向"，则其在西。这虽指送葬时男女在神道两侧的次序，但于墓内棺位看来也是适用的。按当时葬俗，棺内墓主普遍头向墓门，故实际上墓内男棺在右，女棺在左，这亦与自汉以来"以右为尊"的礼俗相合。

但是，象山王氏家族合葬墓的情况却与此相反。已经发掘的象山10座东晋墓

① 南京市博物馆等：《南京司家山东晋、南朝谢氏家族墓》，《文物》2000年第7期。

② （唐）杜佑：《通典》卷八十六《礼四十六·凶礼八》，北京：中华书局，1988年，第2346页。

中，有3座明确属于夫妇同室合葬，分别是M1合葬赣县令王兴之及其夫人宋氏，M9合葬鄱阳太守王建之及其夫人刘氏， M11合葬处士王康之及其夫人何氏。从M1和M9墓志出土位置及能够反映墓主性别特征的遗物看，此二墓均男棺在西（左），女棺在东（右），并且王兴之夫妇墓志中明确记载宋氏“永和四年（348）十月三日卒，以其月廿二日合葬于君柩之右”。这究竟是因为王氏家族墓的特殊性，还是因为其他什么原因，现在尚不得而知。

有趣的是两晋时期夫妇3人同室合葬的问题。《晋书》卷二十《礼志中》详细记载了太康元年（280）因王毖二妻丧礼而群议纷错的具体事例。当时议论的结果主要有二妻“死则同祔于葬”和前妻“不得祔于先姑”两种不同观点。随后列举的其他事例更表明实际操作中往往“率情而举”。考古发现也证明夫妇3人是否同室合葬因人而异。前文提及的象山M7和吕家山M2都是二妻同祔一室,但亦见一妻别葬他处的墓例。如夏金虎为王彬继室夫人，太元十七年（392）她以85岁高龄亡故时并没有与王彬及其正嫡合葬于象山南麓西段，而是葬在距王彬墓较远的象山东麓[①]。南大北园东晋墓更是耐人寻味。此墓主室宽达4米，通常情况下完全可以并列置放三具木棺，但后葬的女性却没有葬入主室，而是另辟侧室埋葬。这固与其身份的特殊性有关。我们已经知道荀氏在元帝生前地位卑微，所以尽管成帝出于报恩目的在建平陵中祔葬了其祖母荀氏，但荀氏毕竟尊号不正，自然不能与正式追封的虞皇后相提并论，没有祔葬主室也就不值得奇怪了。这又从另外一个侧面证明了我们前文对南大北园东晋墓墓主身份推断的可靠性。

由于合葬墓中墓主先后入葬，故从理论上分析随葬遗物应该存在早晚之别。但如果入葬时间相近，则这种早晚之别很难区分。可是当入葬时间相距较大时，则这种时代差异当很明显。从所附表一看，东晋帝陵差不多都是帝后同室而葬，其中崇平陵中康帝与褚皇后入葬时间相距40年，永平陵中穆帝与何皇后入葬时间相距达43年，此二陵中遗物时代有明显早晚之别是勿庸置疑的。元帝建平陵中最早一组遗物当是虞皇后永嘉六年（312）初葬时物，而如果荀氏确如本文考述祔葬建平陵中，则

① 南京市博物馆：《南京象山5号、6号、7号墓清理简报》，《文物》1972年第11期。王彬墓虽未发现，但王兴之夫妇墓志说其“葬于先考散骑常侍、尚书左仆射、特进卫将军、都亭肃侯之左”，王丹虎墓又说其葬“在彬之墓右”，可见王彬墓当在王兴之墓与王丹虎墓之间的前方。这一地域1949年前后曾大面积取土烧砖，王彬墓很可能毁于此时。

陵中最晚一组遗物已至咸康元年（335），前后相距亦有23年之久。南京地区东晋时期合葬墓中随葬遗物时代有明显早晚之别的除南大北园东晋墓外，还有吕家山M1及象山M7等墓例。吕家山M1中以口沿饰酱斑、肩附对称双复竖系的青瓷盘口壶为代表的遗物时代明显属东晋中期，而肩饰联珠及斜网格纹带的青瓷筒形罐无论器形或装饰皆具较早的时代特征。象山M7稍早的一组遗物可以青瓷羊形烛台、兽足灯、虎子及饰有铺首、圆形芝麻花纹、方格纹等图案的盘口壶、罐等为代表，其时代为东晋初年；稍晚一组遗物可以有鋬鸡首壶及饰酱斑的盘口壶、香熏、碗、器盖等为代表，其时代为东晋早期偏晚乃至东晋中期。因此，今后我们在研究东晋及其他时期合葬墓时，不仅要把墓葬砌筑年代与随葬品时代区别开来，更要把同一墓中具有不同时代特点的各组随葬遗物区别开来。只有建立在此基础之上的六朝墓葬陶瓷器的分期才是科学和客观的。

要之，本文把南大北园东晋墓推定为砌建于东晋初年的元帝建平陵，墓中主室内所葬二人当为元帝司马睿及其追尊的虞皇后，侧室内葬人可能是明帝生母豫章郡君荀氏。必须指出，上述推论是建立在侧室葬人是女性以及甬道内设二道木门的大型砖室墓是东晋帝后陵墓这两个假设前提基础之上的。前一假设前提从侧室甬道口外发现女性所用桃形和花瓣形金饰片看应该没有问题。关键是看后一假设前提。正如我们在本文第二部分开首分析的那样，这一假设前提揆之于南京及其周边地区已经发掘的大中型东晋、南朝墓，也无太大问题。但是如果把它放在更广泛的时空范围内来讨论，就并非无懈可击了。因为中原地区曾发现一些墓中设二道石门或木门的曹魏和西晋时期砖室墓，但墓主明确不属帝王。如洛阳西晋元康九年（288）墓是一座前带长大墓道的大型单室砖墓，甬道长达2.37米，甬道前部就设有二道石门，出土墓志表明墓主为惠帝贾皇后乳母徐美人[①]。洛阳偃师杏园34号西晋墓则是一座前室土洞、后室砖券的双室墓，前、后室甬道中部各设一道石门，据墓内出土的一通残碑志可知墓主为一般高级官吏[②]。北京西郊八宝山一座前带长甬道的西晋单室砖墓，甬道中除设4堵封门砖墙外还设二道石门，出土墓志表明墓主是幽州刺史、骠骑大将军、博陵公王浚妻华

① 河南省文物工作队第二队：《洛阳晋墓的发掘》，《考古学报》1957 年第 1 期。

② 中国社会科学院考古研究所河南第二工作队：《河南偃师杏园村两座魏晋墓》，《考古》1985 年第 8 期。

芳[1]。山东东阿鱼山西麓发现的曹魏陈王曹植墓是一座前后室双室砖墓，前后门道两壁中部亦见砌有可能是装设木门的二道凹槽[2]。因之，甬道中设二道木门的南大北园东晋墓就有可能不是帝陵。鉴于此墓规模及墓地所在确属东晋鸡笼山陵区等情况，南大北园东晋墓墓主亦有可能是陪葬于此陵区的皇族高级成员或其他重要功臣贵族。然考虑到琅玡王氏、颜氏特别是明确记载陪陵而葬的太原温峤等著名世家大族都聚葬于距鸡笼山陵区稍远的北郊古幕府山地区[3]，那么，南大北园东晋墓如若不是帝陵，则其墓主似属东晋早期皇族高级成员的可能性更大。当然，这一结论仍是推测性的，目前有限的材料还不足以真正解开南大北园东晋墓墓主身份之谜。

对南大北园东晋大墓的关注，缘自近年我对六朝帝王陵寝课题研究的开展。2001年初，我在《关于东晋帝陵的两个问题》一文中曾提出此墓更有可能是元帝建平陵的观点，并在文后注释中表示将作专文探讨。但此后限于心力，这一计划未能实施。今年春，吾友桂兵惠示其新作《南京大学北园东晋大墓的形制、墓主及其他》，阅后我受益匪浅。但因观点不同，自感有必要详加论述，遂成此文。文成后先后交蒋赞初先生、罗宗真先生、李蔚然先生审阅。三位前辈学者都对本文提出了一些修改意见，他们严谨的学术风范令我折服。特别是蒋赞初先生不仅为我和桂兵回忆当年发掘此墓的详细情景，解答疑惑，还为我们写下热情洋溢的按语，激励我等后学勇攀高峰。特此向三位前辈学者致敬，祝他们健康长寿！是为后记。

原刊《东南文化》2003年第9期

① 北京市文物工作队：《北京西郊西晋王浚妻华芳墓清理简报》，《文物》1965年第12期。

② 刘玉新：《山东东阿县曹植墓的发掘》，《华夏考古》1999年第1期。文中认为这种凹槽是作为顺砖错缝横砌封门墙之用。但从南京地区清理的六朝墓看，可能是装设木门之遗痕。

③ 王志高：《试论温峤》，《东南文化》2002年第9期。

五、南京大学北园东晋大墓的形制、墓主及其他
——两晋偏室墓研究之一

吴桂兵

1972年4月，南京大学历史学系考古组配合学校基础建设工程，在学校北园发掘了一座东晋大墓[①]。该墓规模较大、随葬品丰富，因而在两晋考古学研究中占有重要的位置。但长期以来，学界对于该墓墓主的认识却存在着不同的意见。本文拟结合历年两晋墓葬考古材料分析该墓墓葬形制，并结合文献谈谈该墓的墓主，兼及两晋丧葬习俗。

一

在两晋墓葬考古学研究中，墓葬的形制与墓葬主人身份等有着一定的关联。分析南京大学北园东晋大墓的墓葬形制，有助于探讨该墓的墓主身份。根据《文物》1973年第4期上的考古发掘报告，南大北园东晋大墓是一座由墓门、甬道、主室及其东侧附一侧室组成的砖墓。从形制观察，南大北园大墓是一座特征较明显的偏室墓[②]。（原附图省略，下同。——编者）仅就南大北园大墓的规模较大且方正的主室及留有两道门槽的甬道而言，该墓的墓葬形制与南京北郊发现的汽轮电机厂大墓及富贵山东晋大墓的墓葬形制是相似的[③]。而且，上述三墓一直被学界推测为东晋帝陵。正因为如此，南大北园东晋大墓因其具有一个与汽轮机厂大墓和富贵山大墓均不见的侧室，从而为学界所质疑。甚至，最近有学者认为，南大北园东晋大墓的侧室是一座与主室

① 南京大学历史系考古组：《南京大学北园东晋墓》，《文物》1973 年 4 期。另可见蒋赞初：《长江中下游历史考古论文集》，北京：科学出版社，2000 年，第 139—153 页。

② 笔者将两晋时期主室附带侧室的墓葬称为偏室墓。此认定是为了将其从汉、晋时期的侧室墓中区分出来，也是为了笔者系统研究两晋偏室墓的方便。

③ 南京博物院：《南京富贵山东晋墓发掘报告》，《考古》1966 年第 4 期；南京市博物馆：《南京北郊东晋墓发掘简报》，《文物》1983 年第 4 期。

无关的南朝墓[①]。根据最初的考古发掘报告推测，南大北园东晋大墓的侧室埋葬的可能是一个女性，显然是把该墓作为一座合葬墓看待的。齐东方先生在论述三国两晋南北朝时期的附葬墓时，即以南大北园东晋大墓作为代表性墓例之一[②]。这些都是把南大北园大墓作为合葬墓的，而附于主室之东的侧室也就是墓葬形制整体中的一部分，是用来埋葬合葬者之一的。上述认识基本上是把该墓置于丧葬习俗中合葬礼俗演变线索中分析的。尽管认识到合葬墓中的侧室在墓葬等级等方面不具有类型学意义，但遗憾的是没有进一步从分析侧室墓的角度去系统分析两晋偏室墓，从而去寻找两晋偏室墓的演变规律，更没有从偏室墓的角度去个案分析南大北园东晋大墓墓葬形制及墓主等相关问题。因而，新近出现了从该墓多组随葬品时代不同的角度否认该墓侧室的存在。这当中或许受到学界对南京大学北园东晋大墓侧室质疑的影响，其基础恐怕也在于丧葬习俗的探讨掩盖了偏室墓墓葬形制的分析。

事实上，学界对南京大学北园东晋大墓侧室存在与否的质疑也是情有可原的。这其中原因恐怕主要是因为历年两晋偏室墓发现较少。尽管如此，在两晋时期曾作为都城的洛阳和南京地区仍然发现了一些偏室墓。分析这些两晋时期的偏室墓有助于我们从偏室墓形制演变的角度去理解南京大学北园东晋大墓的墓葬形制。

两晋时期的偏室墓总体上可以分为两大类别。即偏于一侧的侧室仅用于摆放随葬品和用于安放死者及随葬品。出于分析南京大学北园东晋大墓侧室形制的需要，侧室仅用于摆放随葬品的偏室墓本文暂不作讨论。本文仅就洛阳、南京两地区侧室用于除摆放随葬品外尚安放死者的两晋偏室墓形制进行分析。

洛阳地区考古发掘的两晋时期侧室用于安放死者的偏室墓可以分为A、B两型。

A型　墓葬一般由墓道、甬道、前室、后室及侧室组成。偏于一侧的侧室一般位于前室的一侧。代表性墓葬有洛阳谷水晋墓（FM4）[③]、洛阳士孙松墓[④]、洛阳西晋裴祇墓[⑤]。

洛阳谷水晋墓（FM4），由墓道、前甬道、前室、后甬道、后室以及附于前室

① 韦正：《长江中下游、闽广地区六朝墓葬的分区和分期》，第23—24页，注10。北京大学考古文博学院博士研究生学位论文，2002年5月。承蒙韦正老师厚意赠阅论文，特此感谢！

② 齐东方：《三国两晋南北朝时期祔的葬墓》，《考古》1991年第10期。

③ 洛阳市第二文物工作队：《洛阳谷水晋墓》，《文物》1996年第8期。

④ 河南省文化局文物工作队第二队：《洛阳晋墓的发掘》，《考古学报》1957年第1期。

⑤ 黄明兰：《西晋裴祇和北魏元暐墓拾零》，《考古》1982年第1期。

东壁南端的侧室组成。侧室东西长1.1、南北宽0.7、顶高0.92米，东壁为土壁；室内摆放有陶棺一件，棺长90、宽21—27、通高27厘米。该墓随葬有熏炉、灯、奁、虎子、多子槅等铜、陶、石、铁等器物。考古报告将该墓时代定为西晋。

洛阳士孙松墓，位于涧河以西，《考古学报》1957年第1期中《洛阳晋墓的发掘》将其编号为M22。该报告将其作为单室墓看待，即由墓道、甬道、前室、西侧室、南耳室组成。其后，齐东方先生在论述附葬墓时，也把该墓作为单室墓看待。本文将其作为前后室墓，其墓葬形制由墓道、前甬道、前室、后甬道、后室以及附带于前室之南的侧室。侧室与前室之间有甬道相连。根据该墓出土永宁二年墓志，该墓葬有士孙松及其“皆年二岁不育”的两个儿子。墓前室和后室均发现人骨，侧室不见人骨及随葬品。但根据墓志，我们估计其侧室应是用于摆放死者的。永宁二年为公元302年，大概处于西晋末年。

洛阳西晋裴祇墓，位于周公庙北墙外。墓由墓道、前甬道、前室、后甬道、后室及附于前室之北的侧室组成；同时，在北侧室之东亦附有一侧室。北侧室与前室之间、两侧室之间均有甬道相连。该墓盗扰严重，据出土墓志，该墓后室葬有裴祇的母亲，北侧室葬有裴祇夫妇，北侧室之东侧室葬有裴祇女惠庄。墓志还记载裴祇死于晋惠帝元康三年（293年），其一家埋葬当与此相隔不远。

B型　墓葬一般由墓道、甬道、主室以及附于主室之侧的侧室组成。代表性墓例有洛阳孟津邙山M99①、洛阳孟津邙山M21②、洛阳东郊M178③。

孟津邙山M99，双室土洞墓，形制由墓道、墓门、甬道、主室及附于主室之南的侧室组成。主室平面正方形，曾被盗扰，室内摆放有帐座、多子槅、灶以及铜镜、铜花饰、铜簪子等随葬品。侧室以过洞与主室相通，平面呈长方形，南北长28、东西宽186、高19米，侧室亦被盗扰，室内可见铜镜、陶兽、女侍佣以及陶井残件。根据侧室的随葬品及其规模，我们推测该侧室安放有死者。考古报告将该墓时代定为西晋。

洛阳东郊M178，双室土洞墓，由墓道、墓门、甬道、主室及附于主室左侧的侧室组成。主室平面近方形，侧室平面呈长方形。侧室两壁与主室直接相连，无甬

① 310国道孟津考古队：《洛阳孟津邙山西晋北魏墓发掘报告》，《华夏考古》1993年第1期。

② 洛阳市文物工作队：《洛阳孟津晋墓、北魏墓发掘简报》，《文物》1991年第8期。

③ 洛阳市文物工作队：《洛阳市东郊两座魏晋墓的发掘》，《考古与文物》1993年第1期。

道。主室和侧室内均发现一些人骨，棺木情况不明。耳室内出土一件铜镜及两枚铜钱。墓葬时代定为曹魏晚期至西晋早期。

洛阳孟津邙山M21，双室土洞墓，形制由墓道、墓门、甬道、侧室及附于其东的侧室组成。主室平面近似方形，侧室与主室之间以甬道相通，侧室平面为长方形。主室放置有陶多子槅、灶、盘、兽形足及5个帐座，侧室放置有铜镜、陶磨等。考古报告将该墓时代初步定为西晋。

在与洛阳地区较为接近的河南巩县石家庄也发现一座晋墓（M11）[①]，该墓与洛阳地区两晋偏室墓中侧室用于安葬死者的A型墓形制一致。特别是与洛阳士孙松墓形制相似，亦由墓道、甬道、前室、后室及耳室组成。前室平面方形，后室及东耳室平面均为长方形，西耳室规模较小，似为一未完成之耳室。耳室土洞，耳室与前室之间无甬道相连。该墓后室保存有两人骨架，东侧室内保存有一副人骨架。据考古发掘报告，该墓时代定为西晋初期。

南京地区考古发现的侧室也用于安葬死者的两晋偏室墓数量较少。可以分为A、B两型。

A型　墓葬主要由墓门、甬道、前室、后室及附于前室的侧室组成。代表性墓例有南京中华门外碧峰寺M2[②]、南京市东北郊西岗西晋墓[③]。

中华门外碧峰寺M2，前室穹隆顶、后室券顶砖墓。前室平面近方形，后室平面呈长方形。在前室的一侧附有一与后室平面相似的侧室。该墓下葬年代为西晋初期。

南京市东北郊西岗西晋墓，多室砖墓。墓葬平面呈十字形，由甬道、前室、后室、东侧室、西侧一室、西侧二室组成。前室平面呈长方形，后室及东侧室、西侧二室平面均相似，为长方形；西侧一室相对于其他两侧室而言，唯宽度略窄。据考古发掘报告，该墓后室安葬有一男一女；西侧二室也安葬一男一女；西侧一室安葬一女；东侧室安葬一男一女。该墓总计埋葬三对夫妻和一个女性。墓早年被盗掘，但仍出土了青瓷器、铜器、金银等器。墓葬时代定为东吴晚期到西晋初年。

B型　墓葬主要由墓门、甬道、方形主室及附于主室一侧的侧室组成。该型墓

① 河南省文化局文物工作队：《河南巩县石家庄古墓葬发掘简报》，《考古》1963年第2期。

② 李蔚然：《南京六朝墓葬的发现与研究》，成都：四川大学出版社，1998年，第25页。

③ 南波：《南京西岗西晋墓》，《文物》1976年第3期。

葬可以本文要着力探讨的南京大学北园东晋大墓为例[①]。

1982年5月，南京市博物馆在南京市北郊清理了一座东吴纪年（261年）墓[②]。该墓由甬道、方形主室及附于其一侧的侧室组成。侧室平面为长方形，侧室与主室之间无甬道。整体而言，该墓与南京大学北园东晋大墓在形制上是相似的；但两墓在墓门、甬道内设置以及侧室与主室之间的连接上却有着较大的不同。考古发掘报告认为，该墓为合葬墓，主室内合葬两人，侧室葬一人。

张小舟先生将中原地区的魏晋十六国墓葬分为四期。其中第二期墓葬的时代是曹魏正始到西晋泰始之间；第三期墓葬属于西晋中晚期[③]。本文记述的洛阳地区侧室用于埋葬死者的偏室墓（下文简称洛阳A、B型）基本上都处在此范围中。洛阳A型的前后室附带侧室的墓葬，基本处在张先生文中的中原地区的I型I式和II型I式之间。较具体的工作是朱亮、李德方单就洛阳地区的魏晋墓葬进行的分期研究[④]。他们将洛阳地区的魏晋墓按照双室砖墓、单室砖墓、双室土洞墓、单室土洞墓分为A、B、C、D四型。本文洛阳A型的几座代表性墓葬基本上是与他们的A型III式相似，为西晋中晚期墓葬。本文洛阳B型墓葬在他们的论述中被作为C型的I式和II式。上述分期研究是建立在墓葬型式划分基础上的，显然，本文论述的洛阳A型、B型不能从中得出较清楚的时间先后关系。这其实也是与洛阳地区西晋墓葬的形制多样是一致的。但是，我们可以看到，洛阳A、B两型墓葬中，侧室与主室或前室的连接可以分为有无甬道两种情况。同时，连接侧室的前室（主室）平面也在逐渐向正方形过渡。在洛阳谷水发掘的谷水晋墓（FM5）在墓葬形制上很值得我们注意[⑤]。该墓由墓道、甬道、墓室三部分组成，在墓室的南壁中央有一假耳室。笔者以为这或许是未完成的侧室。发掘简报将该墓时代定在西晋晚期。

① 南京大学历史系考古组：《南京大学北园东晋墓》，《文物》1973 年第 4 期。

② 南京市博物馆：《江苏南京市北郊郭家山东吴纪年墓》，《考古》1998 年第 8 期。

③ 张小舟：《北方地区魏晋十六国墓葬的分区与分期》，《考古学报》1987 年第 1 期。

④ 朱亮、李德芳：《洛阳魏晋墓葬分期的初步研究》，《洛阳考古四十年》，北京：科学出版社，1996 年，第 278—290 页。

⑤ 洛阳市第二文物工作队：《洛阳谷水晋墓（FM5）发掘简报》，《文物》1997 年第 9 期。另在《文物》2002 年第 9 期，洛阳谷水晋墓（FM38）也以简报的形式发表。该墓为洞穴暗券砖室墓，由墓道、甬道、方形墓室组成，在墓室左右两侧，有对称的侧室拱门，门外为生土，简报称之为“假耳室 ”。笔者以为这也是未完成的侧室的一部分，以便后来附葬时营建完整侧室。

南京地区的A型墓葬，如果不考虑附带的侧室，其形制基本上是与同时期南京及周边地区的前后室束腰形墓葬一致。此类型墓葬具有较强烈的区域及时间特征，这与后来该地区普遍出现的平面呈方形或长方形的墓葬有着明显不同。

综上，两晋时期墓葬中，侧室用于埋葬死者的偏室墓在洛阳和南京两地区的形制表现不同，此类侧室墓在洛阳地区是与该地区较具区域特征的墓葬联系在一起；在南京地区也同样如此。此组合在西晋时期表现得尤为明显。洛阳、南京两地区比较，南京地区侧室墓与具时代和区域特征墓葬的结合，特别是前后的差异，表现得更为明显，这或许与洛阳地区较多发现的是西晋时期的墓葬有关。但是，到了西晋晚期，这种情况有了一定的变化，此类墓葬的侧室所连接的墓室逐渐变为平面呈方形的单个墓室。类似洛阳A型和南京A型的前后双室附带侧室的墓葬少见或不见。同时，此类墓葬侧室与墓室的连接也存在着有无甬道两种情况，侧室也存在着不规则与规则长方形的区别。洛阳谷水一座侧室未彻底完成的墓葬（FM5）向我们展现了这种可能存在的发展趋势。因而，就丧葬习俗而言，两晋偏室墓所反映的葬俗有着一定的延续性，但就侧室与主要墓室结合的形制结构而言，本文论述的两晋偏室墓却有着强烈的区域特征和不断发展的时代因素。在这当中，墓葬的主要结构（前后室墓、方形单室墓）较多地反映时代和区域的变化；墓葬的侧室通过数量的不同较多地反映实际附葬的需要。

南京大学北园东晋大墓墓室平面方形，长方形侧室与墓室之间以甬道连接。这种形制显然有别于洛阳、南京两地区较多出现的偏室墓（洛阳A型和南京A型），但却与洛阳地区西晋晚期出现的偏室墓形制相似。结合上述此类墓葬的发展趋势，同时考虑到两晋之间的关系，我们大致可以分析出南京大学北园东晋大墓在两晋偏室墓发展序列中的位置。依此视角，我们认为，南京大学北园东晋大墓方形主室附带侧室的形制是可能存在的。同时，该墓东晋时代的确定，为我们从时间角度说明了上述两晋偏室墓的发展趋势。

南京大学北园东晋大墓出土随葬品不少。韦正先生认为它们至少可以被分为三组，第一组包括狮形水注、四系直口罐、盆、盘口壶、灯，器表模印几何纹饰、铺首等；第二组包括鸡首壶、褐斑点彩盘口壶，以及陶质的唾壶、耳杯、魁、盘、槅等；第三组包括桥钮六系小罐、长腹小罐等。第一组常见于西晋，第二组常见于东晋中期以后，第三组见于东晋晚期和南朝。因而，南大北园大墓的侧室可能是一座与主室无关的南朝墓[1]。如果此划分及年代断定不误的话，那么，南京大学北园大墓应该是包含了两座墓葬。诚如上述，例如南大北园东晋大墓主室附带侧室的墓葬在两晋偏室墓发展序列中是可能存在的。那么问题究竟出在哪儿呢？

在南京大学北园东晋墓随葬器物分布图中，发掘时尚完全摆放在侧室内的器物有陶烛盘、卧虎陶座、陶管、陶凭几及几足、陶瓢把手、青瓷碗及五铢钱，另外在甬道处尚摆放有陶案等。在这里我们不能清楚地找到韦正先生划分的第三组器物。在南大北园东晋墓发掘报告中有这么一段话："在大石柱础的下面，开始发现从墓顶塌毁下来的墓砖。同时，还发现一些北宋的钱币和残破的瓷碗。根据我校过去发现的宋墓情况来考察，他们应该是属于北宋墓葬的器物。发掘快到墓底的时候，又发现这墓侧室的后墙，被另一座可能是南朝墓葬的一堵墓墙所破坏。从这些情况看，这座墓葬被破坏的次数是较多的。"这一方面使我们不能从发掘时的器物平面图去了解当时器物的摆放位置，因而也就不能从器物平面图侧室内没有韦正先生划分的第三组器物，去否定他的说法；但同时，发掘者的这段话也说明，该墓曾多次遭到破坏，而且，其侧室可能受到了南朝墓葬的破坏。因而，在发掘该墓时，发现南朝的器物混杂其中也是可能的。其实，韦正先生划分的第一、第二组，并且指出它们分属于两个不同时期，还是比较精当的。这恰恰是与本文把南大北园东晋大墓放在两晋偏室墓发展序列中相一致的（详见后述）。另外，从考古报告中南京大学北园东晋墓结构示意图里，我们也可以看出该墓主室和侧室的铺地砖及砌法均是一致的。

因此，我们认为，南京大学北园东晋大墓是一座墓葬，其形制主要由方形主室附带侧室组成。

二

南京大学北园东晋大墓的墓主到底是谁，学界一直有不同的看法。既然该墓是由主室附带侧室的偏室墓，那么，这种墓葬形制的确认对于探讨该墓的墓主身份是否有益呢？

南大北园东晋大墓作为东晋的帝陵，学界目前疑义不大。根据《晋书》《建康

① 韦正：《长江中下游、闽广地区六朝墓葬的分区和分期》，第23–24页，注10。北京大学考古文博学院博士研究生学位论文，2002年5月。

实录》等文献，东晋的元、明、成、哀四帝葬在鸡笼山之阳[①]。争论就主要集中在这里的四个皇帝身上。目前，学界对南大北园东晋大墓墓主身份有下面几种看法。第一种看法认为，该墓为元、明、成、哀四帝之一者的陵墓。代表者为罗宗真先生[②]。第二种看法认为是元、明、成三帝之一，晚不到东晋中期的哀帝。代表者为蒋赞初先生[③]。第三种看法认为是元帝。持此论者是李蔚然、王志高、周维林诸先生[④]。第四种观点认为是成帝。张学锋先生在一篇文章中提及[⑤]。该墓墓主到底是谁，笔者以为，南大北园东晋大墓侧室的存在，可以为我们探讨此问题提供极有价值的信息。

上述属于洛阳A型的三座墓中，谷水FM4的侧室规模较小，室内摆放的陶棺长仅90、宽仅21—27厘米。我们估计其侧室棺内死者应是未成年人。根据裴祇墓出土的墓志，其墓后室埋葬的是裴祇的母亲，北侧室埋葬的是裴祇夫妇，北侧室东侧附带的小侧室规模较小，墓志记载该室埋葬的是裴祇的女儿惠庄。士孙松墓出土墓志不仅说明了该墓埋葬有士孙松及其“年二岁不育”的二子，而且透露出，这样的附葬是“缘存时之情”。属于洛阳B型的几座墓葬中，侧室埋葬死者的年龄和性别无从稽考，但一些墓侧室内出土有铜镜，还是能提供一些信息的。属于南京A型的南京市东北郊西岗西晋墓中，据推测，后室埋葬一男一女，西侧二室埋葬一男一女，西侧一室埋葬一女，东侧室埋葬一男一女。与南京大学北园东晋墓形制略似，但早至东吴时期的南京郭家山吴永安四年墓，其主室埋葬一男一女，侧室内埋葬的估计是墓主人的妾或继室。由此可见，上述两晋偏室墓侧室内埋葬的死者有成年人和未成年人，成年人多见女性。由此推测，南京大学北园东晋墓侧室内的附葬死者极有可能是主室死者极喜欢的子息，或者是其除正配以外的配偶。

---

① 笔者据南京大学历史学系考古专业资料室藏《建康实录》记载，元、明、成、哀四帝均葬一处，唯元、明、哀三帝陵在县北九里鸡笼山之阳，成帝陵在县北七里鸡笼山之阳。此《建康实录》以滋兰堂朱氏本为底本，校改据周漪塘家汲古阁藏宋刊本。

② 罗宗真：《六朝考古》，南京：南京大学出版社，1994 年，第 69 页。另罗先生在后出的《魏晋南北朝考古》中仅说南京大学北园东晋大墓“可能是晋陵之一”，北京：文物出版社，2001 年，第 97 页。

③ 蒋赞初：《南京东晋帝陵考》，《长江中下游历史考古论文集》，第 154—162 页。

④ 李蔚然：《南京六朝墓葬的发现与研究》，第 14 页；王志高、周维林二先生在《关于东晋帝陵的两个问题》中提出南大北园东晋大墓更有可能是元帝建平陵，《东南文化》2001 年第 1 期。

⑤ 张学锋：《东晋的哀帝》，收入蒋赞初主编《南京大学历史系考古专业成立三十周年纪念文集》，天津：天津人民出版社，2002 年，第 280—289 页。另据张学锋老师见告，韦正老师在相关论著中也认为南京大学北园东晋大墓为成帝陵。

齐东方先生认为，三国两晋南北朝的附葬墓都是一次建造的，其死者的埋葬大致有同时埋葬和分别埋葬两种情况。齐先生同时还以一些墓葬为例做了说明，但没有谈到南京大学北园东晋墓[①]。南大北园东晋墓的主室可能是穹隆顶，侧室可能是券顶。从墓葬建筑结构的角度分析，南大北园东晋墓在主室建好后，不太可能在东壁再建侧室。但是，上文提及的洛阳谷水FM5在墓室南壁有一假耳室。笔者以为，这或许是为后死者附葬而留下的。有此假耳室，以后在主室之侧再建侧室，当不会有什么建筑结构方面的困难。河南巩县石家庄晋墓的耳室尽管是土洞结构，其前室西侧也有一个进深仅0.73米的耳室，土洞之于砖室，建造当较易。笔者估计，石家庄晋墓小耳室的用途当与洛阳谷水FM5的大致相同。因此，笔者以为，南大北园东晋墓侧室的建造有下面两种可能情况。一，与主室一次性建造；二，其建造晚于主室，但是在主室建造时可能已经预留了以后建造侧室的券顶及墙体结构（与洛阳谷水FM5类似）。

南大北园东晋墓以往一直被学界认为是东晋元、明、成、哀四帝之一者的陵墓。下面将结合本文上述对该墓主室附带侧室形制的分析，看看文献的记载，从中探讨南大北园东晋墓墓主的身份。

据《晋书》记载，元帝有敬虞皇后，永嘉六年（312）薨，皇后无子。永嘉初年元帝始用王导计镇建邺。当时，琅琊王太妃丧，元帝就回到封国料理丧事。敬虞皇后当时也应该埋葬在琅琊王封国。元帝为晋王时，追尊为王后。大兴三年（320），赠皇后玺绶，乃附于太庙，同时葬建平陵。永昌二年，元帝崩。太宁元年（323）二月，明帝葬元帝于建平陵。元帝另有荀氏、简文宣郑太后阿春。荀氏为明帝生母，咸康元年（335）薨。郑太后，简文帝及琅邪悼王焕母，咸和元年（326）薨。元帝见于记载的子有绍（明帝）、晞（武陵王）、昱（简文帝）、裒（琅邪孝王）、冲（东海王）、焕（琅邪悼王）。冲母石婕妤；晞母王才人。琅邪孝王裒死于建武元年（317）；东海王冲死于咸康七年（341）；武陵王晞死于太元六年（381）；另据《资治通鉴》记载，琅邪悼王焕死于大兴元年（318）的十二月[②]。公元326年，明帝崩于东堂，葬武平陵。其明穆庾皇后于成帝咸和三年（328）三月崩，四月葬于武平陵。明帝有子衍（成帝）、岳（康帝）。成帝有成恭杜皇后，咸康七年（341）三

① 齐东方：《三国两晋南北朝时期祔的葬墓》，《考古》1991年第10期。

② 《资治通鉴》卷九十一，北京：中华书局，1956年，第2865页。

月崩，四月葬兴平陵，后无子。第二年的夏天，成帝崩于西堂，葬于兴平陵。成帝另有周章太妃，生哀帝及海西公。周章太妃死于兴宁元年（363）三月，秋七月葬章皇太后。哀帝有哀靖王皇后，死于兴宁三年春，同年二月，哀帝崩于西堂，葬安平陵。哀帝在兴宁元年九月曾以皇子生而大赦天下。但哀帝崩时无嗣，估计这位皇子早夭了[①]。

从文献的记载来看，除帝后合葬外，可能在主室之侧附葬的有元帝、成帝和哀帝。附葬元帝与元敬虞皇后墓侧室的有两种可能。第一，早夭幼子焕；第二，后宫宠幸。后宫宠幸又以简文帝母简文宣郑太后阿春、明帝母荀氏的可能性为大。但晞母王才人等也有可能，尽管文献无甚记载。附葬成帝与成恭杜皇后主室侧室的极有可能是周章太妃。附葬哀帝与哀靖王皇后主室侧室的极有可能为其早夭的皇子（这里的可能性推测是建立在夫妻合葬之外的附葬与主室附带侧室墓葬形制一致的基础上的）。

依据侧室墓的侧室与主室一次建造的分析，上述极有可能是南大北园东晋墓主的是元帝和哀帝。元帝帝后合葬，极有可能同时附葬早夭的焕及后宫早死的宠幸，且焕深得元帝宠爱。哀帝帝后合葬，同时附葬的极有可能是其早夭的皇子。如果考虑到韦正对该墓随葬品的划定，主侧室同时为东晋早期或同时为东晋中期不太可能。《晋书·元四王传》载，琅邪悼王焕死后，元帝悼念无已，“将葬，以焕既封列国，加以成人之礼，诏立凶门柏历，备吉凶仪服，营起陵园，功役甚众”[②]。其附葬的可能性不大。

前述韦正先生对南京大学北园大墓随葬品的划定，其中的第一、第二组的确认还是比较符合实际的。这其实也是历来对该墓墓主的认定集中在元、明、成、哀四帝的原因之一。韦正在此基础上认为，不考虑侧室，该墓可能是一座合葬墓，有分别死于东晋早期和中期的墓主。考虑到笔者上文对该墓墓葬形制的分析，笔者以为，该墓在东晋早期和中期曾两次埋入死者。上述元、成、哀三帝均为后先终，帝崩后再一起合葬。这也是符合宣帝司马懿的顾命三篇的。那么，该墓初次埋葬的时间应在东晋早期，附葬的时间应在东晋中期。从初葬的时间为东晋早期看，东晋中期的哀帝就可以排除。

---

① 上述有关《晋书》的文献记载均见《晋书·帝纪》《晋书·后妃下》等，北京：中华书局，1974 年。

② 《晋书》卷六十四《元四王传·琅邪悼王焕》，第 1729 页。

这样南京大学北园东晋墓的墓主就有可能是元帝或者成帝了，而且，其附葬的是后宫宠幸。这两个东晋皇帝被埋葬的时间都可以划入东晋早期的时间范围。元帝的荀氏埋葬时间为公元335年，阿春埋葬时间为公元323年。考虑到东晋早期和中期这两个时间，此二人附葬不太可能。那么，就剩下成帝了。咸康七年（341）三月，成恭杜皇后崩，四月葬兴平陵，后无子。第二年的夏天，成帝崩于西堂，葬于兴平陵。成帝的周章太妃死于公元363年，为哀帝兴宁元年。比较元帝的荀氏、阿春及成帝的周章太妃，荀氏虽为明帝生母，但其死于成帝时；阿春虽为简文帝生母，但其死于明帝时，其时，明帝生母荀氏尚在。成帝的周章太妃的情况不同，其死于哀帝时，哀帝为其亲生儿子。而且，兴宁元年时哀帝仍然当政，兴宁二年时崇德太后才又临朝摄政。据此也可以认为，成帝的周章太妃附葬于成帝与杜恭皇后的主室之侧可能性较大。

《晋书·后妃传下》在成恭杜皇后条下，记有周章太妃的情况。哀帝即位后，对其“诏崇为皇太妃，仪服与太后同”。太妃薨后，哀帝欲服重，遭到了尚书仆射、太常等的反对。尽管这里记载哀帝听从了他们的建议。但事实上，整个东晋早期、中期，关于“二母并嫡”“二母祔葬”等礼仪常有是“率情而举”，还是循“私情”的争议。郑樵在《通志》里曾谈到明帝母豫章君荀氏“明帝为天子而处之别宅，阅两朝但为封君不正太后之名，当时朝臣无有非议之者，有以知晋朝之不纲也，然史氏载之亦无议论，何耶？”[①]这反映了东晋时期，偏居江左的朝廷礼仪建设的情况，也为我们对其丧葬越常理的认识，提供分析的空间。

把南京大学北园东晋大墓作为东晋成帝的陵墓，其方形主室葬入的是成帝及其成恭杜皇后，其侧室附葬的是成帝周章太妃，还可以从考古材料上析出一些重要的信息。南大北园大墓考古发掘简报认为，该墓有不少明器都出有三套，并且提出，该墓主室后半部偏东部分摆放的是男性，其偏西部分摆放的是女性，侧室埋葬的可能也是一个女性。这是与本文的论述相一致的。同时，值得注意的是，该墓出土陶案6件，大、中、小型各两件。根据扰乱的墓葬随葬品的摆放情况，大致可以辨出，两件大型陶案分别放置在主室的东北角和西南角；两件小型陶案放置在主室男女两具棺木的足端；两件中型陶案一件摆放在甬道内，一件摆放在侧室的甬道口。从两

① （宋）郑樵：《通志》卷二十，北京：商务印书馆“十通”第四种第一册，1935年。

件中型陶案的摆放，我们得出两点：其一，主室甬道口与侧室甬道口的陶案是同一次摆放的；其二，侧室的使用及随葬品的摆放要晚于主室。

考古发掘材料和文献的记载均有着各自的不足。尽管如此，笔者据现有材料初步推测南京大学北园东晋大墓为成帝及其成恭杜皇后的陵墓，其侧室附葬的是周章太妃。埋葬时间分别为公元342年和公元363年。

（南京市博物馆王志高、北京大学考古文博学院韦正两位先生对南京大学考古专业“三国两晋南北朝考古”课程教学给予了热情的关怀和帮助；本文的写作从两位先生处亦获益较多。特此感谢！）

原刊《东南文化》2003年第9期

后 记

一

1972年夏，因响应中央提出的“深挖洞，广积粮”号召，南京全城掀起建设防空洞的高潮，而南京城市防空洞的主干线正好穿过南京大学鼓楼校区北大楼前。在此过程中，施工队先发现了南京大学北园宋墓（即北宋王仁墓），在随后支线的拓宽工程中发现了南京大学北园东晋墓（下文简称“北园大墓”），其具体位置则在今南大鼓楼校区北园北大楼围墙之后。

当时，大学的招生工作恢复后（当时主要招收的是工农兵学员），历史系蒋赞初先生受命着手筹备南大考古专业，因此，学校决议发掘北园大墓，并将其作为校内师生的考古观摩基地。由于当时历史系的大部分教职人员仍在溧阳果园农场劳动，有些被安排在鼓楼校区西南楼参与二十四史点校及《中国历史地图集》的编纂工作，故而北园大墓的发掘成员主要由学校行政部门的工作人员以及尚未分配工作的新同志组成。据蒋先生回忆，北园大墓原本定由南京博物院与南京大学共同发掘，但出于种种原因，发掘工作最后实际由南京大学独立承担。北园大墓的正式发掘从1972年4月初开始，持续月余。发掘工作由蒋赞初与宣传部车济炎主持，南京博物院考古组汪遵国、罗宗真等亦曾到现场查看发掘情况。由于缺少考古专业人员，而且蒋先生白天主要在西南楼从事地图编制工作，因此北园大墓的发掘并没有完全按照田野考古发掘的规范进行。不过，蒋先生仍坚持在白天工作结束后入临时库房整理文物，绘制器物线图、墓葬平剖面图，追加小件编号等，并在很短的时间内完成了《简报》的撰写。

北园大墓虽遭到南朝、北宋墓葬的数次破坏以及明朝钟楼柱础的叠压，但推测基本未遭到严重盗掘，因此，出土文物较为完整。依《简报》随葬器物分布图所示，除墓砖之外，墓内未经拼接、修复的小件编号多达145个。这批文物出土以后，先交送临时库房保管，经蒋先生初步修复、整理以后，入藏历史系文物资料室，存放地点位于鼓楼校区教学楼（今郑钢楼）五楼。1975年，历史系文物资料室陆续对入藏文物重新登记编号，北园大墓出土文物亦被冠以新的器物登记号，起自75-598，迄于75-661。2002年，南大鼓楼校区田家炳楼新建考古与艺术博物馆，由历史系代为管理。为摸清文物收藏情况，工作人员对馆藏文物按顺序号进行统一登账，北园大墓文物编号为8041至8104，但部分残件因被视为标本而未予编号。2015年9月，南京大学成立博物馆，我被任命为主持工作的副馆长，按照学校要求，原考古与艺术博物馆由南京大学博物馆管理。我们按照国家文物普查的表格形式，利用一年左右的时间，对各院系单位的文物、古籍、化石、标本等一一进行清点核对，北园大墓文物亦在整理之列。

二

考虑到北园大墓在校园内发现，发掘工作由南京大学独立承担，而且该墓葬等级较高，出土文物较为完整，相关资料披露较少。因此，我在接手博物馆的日常工作以后，对该墓的系统整理也逐步提上了议事日程。

2017年2月，新学期伊始，我与博物馆同事一道去蒋赞初先生家中拜访，征求新博物馆建设的意见，并初步了解北园大墓发掘始末。嗣后，南京大学六朝研究所挂牌成立，胡阿祥所长与我取得联系，表达了两家机构合作整理、研究北园大墓的想法。这一提议正与我们的想法不谋而合。

2017年10月，六朝研究所副所长张学锋教授、吴桂兵教授率整理团队与博物馆一道，再赴蒋先生家中进行采访，并请其前往鼓楼校区辨认北园大墓方位。由于该墓自发掘以来，相关文物历经数次搬迁，且部分器型残损难辨，我们又特邀六朝考古研究专家岳涌（现为南京市博物馆副馆长）、马涛（现为南京市考古研究院副院长）到馆，结合《简报》的图文描述，对出土器物进行了系统摸查，为接下来的正式整理工作奠定了基础。随后，按照六朝研究所与博物馆拟定的整理计划，博物馆开始对北园大墓出土文物依次展开修复、绘图、拍照等工作。

为了修复破损文物，我们专门联系南京市博物馆保管部主任邱晓勇（现为南京市博物馆副馆长）、保管部副主任魏杨菁，在两位的大力支持下，特派修复专家张建国老师支援。张建国老师从二十世纪八十年代末就从事田野考古发掘工作，在器物修复、线图绘制等方面经验丰富。他除了帮助我们拼对陶瓷碎片外，还对部分青铜、鎏金饰件进行除锈清理，相关器物的线图绘制也主要由其负责，我们的同事周帅参与了部分工作。总体而言，修复与绘图两项工作进展较为顺利，到次年10月基本完成。其间，2018年4月，我们第三次邀请蒋先生到田家炳楼展厅，按照事先拟定的采访提纲，就北园大墓的重要问题进行了面对面咨询，北园大墓整理工作小组全体人员亦到场聆听。

相较而言，拍摄及线图数字化的工作则颇费周折。虽然张学锋教授多次到场指导，并明确文物拍摄的规范，但由于经验不足，而且设备条件有限，我们自行拍摄的文物照片无法达到出版要求。最终，经南京博物院社会服务部陈刚副主任（现为江苏省考古院副院长）、南京博物院图书馆巢臻馆长（现为南京博物院典藏部主任）介绍，我们邀请南京几何方文化传播公司尹涛、施成两位专业摄影师对北园大墓出土文物重新进行了拍摄，并终于达到考古图录的出版要求。

线图的数字化主要由张学锋教授的两位研究生朱祎、崔雅博承担。两位同学根据绘好的器物线图，绘制PS及AI图。出于种种原因，特别是疫情影响，线图数字化的进展较为缓慢，直到2021年底才基本完成，补绘工作则迟至2022年2月中旬全部结束。

2022年4月，北园大墓的报告编写工作启动，至2022年7月初完成。报告体例由张学锋教授草定，亦主要由其执笔撰写，其他参与人员中，李文、魏美强用力最勤，魏美强还承担了排版、校对等部分编辑工作。南京大学六朝研究所为本书的出版提供了经费支持。

三

两晋丧礼沿袭汉魏制度，而有所损益，形成了中国历史上著名的“薄葬”时代。关于这一时期的丧葬制度，学界提炼出了“晋制”的概念，具体表现为因山为体、不封不树、无立寝殿、明器从俭、丧期减易。东晋国祚短暂，却是魏晋南北朝时期历时最长、最稳定的时代，历元、明、成、康、穆、哀、废、简文、孝武、安、恭十一帝，享国103年。除废帝司马奕卒葬吴县吴陵外，其余十帝均葬都城建康（今南京）。然而，迄今为止，东晋帝陵仍显得扑朔迷离。诸如南京富贵山东晋墓、南京幕府山汽轮电机厂东晋墓等，虽被推定为东晋帝陵，但学界对其具体归属仍存较大争议。

南京大学北园大墓亦不例外。自该墓发掘问世以来，围绕其墓主身份的讨论长期悬而未决。究其原因，在于墓内并无确切文字材料如印章、哀册、砖铭等器物出土。从墓葬形制、出土器物、文献记载、地势地望等角度出发，研究者一般认为此墓当为东晋早中期的元、明、成、哀四座帝陵之一，属于唐人许嵩《建康实录》所云“鸡笼山之阳”的东晋西陵陵区。不过，该墓具体归属“元、明、成、哀陵之一”，还是“元帝、皇后虞氏与后妃荀氏合葬墓”，抑或“成帝、皇后杜氏及周太妃的合葬墓”，墓葬发掘主持者蒋赞初以及李蔚然、罗宗真、张学锋、王志高、吴桂兵、渠雨桐等学者各执一说，分歧较大。此次整理北园大墓的过程中，执笔者张学锋教授通过观察主、侧室的营建次序、设祭空间的位移以及梳理文献中后妃祔庙的记载，重申该墓为晋成帝、杜皇后、周太妃合葬墓的主张。当然，这些都是在现有材料框架下所作的合理推测，并非定论，请各位读者理性判断。

南京大学北园东晋墓是魏晋南北朝考古史上的重要发现，但除了发掘简报之外，迄今为止围绕该墓的学术讨论并不充分。个中原因，恐怕与资料的公开程度不足相关。博物馆联合南京大学六朝研究所，严格按照考古报告的体例对其加以整理，旨在为学界大众提供完整、科学的资料，以期推动魏晋时期陵寝制度及相关课题的研究深入。“学术乃天下之公器”，南京大学博物馆始终以推动学术发展，传承中华文明，传播历史知识，保护文化遗产为己任，力争在“坚定文化自信，讲好中国故事”上谱写南大篇章。在编辑本书的同时，博物馆积极策划南大北园东晋墓特展，并拍摄制作考古记录片，今年10月9日向社会公众开放。

由于学识水平有限，错讹疏漏在所难免，敬请方家指谬！

南京大学博物馆　史梅

2023年8月

“南京大学六朝研究所书系”已出图书

一、甲种专著

1.《东晋南朝侨州郡县与侨流人口研究》（修订本），胡阿祥著，江苏人民出版社2019年10月版，“甲种专著”第壹号

2.《中古丧葬礼俗中佛教因素演进的考古学研究》，吴桂兵著，科学出版社2019年12月版，“甲种专著”第贰号

3.《六朝的城市与社会》（增订本），刘淑芬著，南京大学出版社2021年1月版，“甲种专著”第叁号

4.《探寻臧质城——刘宋盱眙保卫战史地考实》，钟海平著，南京大学出版社2022年3月版，“甲种专著”第伍号

5.《邾邹千年：邾国与峄阳邹县历史文化研究》，胡阿祥主编，姚乐、刘兵、吴庆著，山东画报出版社2023年7月版，“甲种专著”第陆号

二、乙种论集

1.《“都城圈”与“都城圈社会”研究文集——以六朝建康为中心》，张学锋编，南京大学出版社2021年1月版，“乙种论集”第壹号

2.《六朝历史与考古青年学者交流会论文集: 2016—2020》，陆帅等编，南京大学出版社2023年7月版，“乙种论集”第贰号

3.《六朝史丛札》，楼劲著，南京大学出版社2022年3月版，“乙种论集”第叁号

三、丙种译丛

1.《中古中国的荫护与社群：公元400—600年的襄阳城》，［美］戚安道著，毕云译，南京大学出版社2021年1月版，“丙种译丛”第壹号

2.《从文物考古透视六朝社会》，［德］安然著，周胤等译，南京大学出版社2021年1月版，“丙种译丛”第贰号

3.《中国江南六朝考古学研究》，［日］藤井康隆著，张学锋、刘可维译，江苏人民出版社2023年5月版，“丙种译丛”第伍号

4.《汉唐时期岭南的铜鼓人群与文化》，［新西兰］龚雅华著，魏美强译，南京大学出版社 2023年6月版，“ 丙种译丛”第肆号

四、丁种资料

1.《建康实录》，［唐］许嵩撰，张学锋、陆帅整理，南京出版社2019年10月版，“丁种资料”第壹号

2.《南京大学北园东晋墓》，南京大学博物馆、南京大学六朝研究所编著，南京大学出版社2023年10月版，“丁种资料”第贰号

3.《六朝建康城城墙遗址研究与保护（2014—2022）》，六朝博物馆编，南京出版社2022年12月版，“丁种资料”第叁号

五、戊种公共史学

1.《“胡”说六朝》，胡阿祥著，江苏人民出版社2019年6月版，“戊种公共史学”第壹号

2.《谢朓传》，胡阿祥、王景福著，凤凰出版社2019年12月版，“戊种公共史学”第贰号

3.《王谢风流: 乌衣巷口夕阳斜》， 白雁著，南京大学出版社2023年6月版，“戊种公共史学” 第叁号